明治
大正
昭和

愛知の名所 いまむかし

豊橋市図書館副館長
岩瀬彰利【編著】
Akitoshi Iwase

風媒社

まえがき

愛知には多種多様な名所が存在し、なかでも歴史や伝統が感じられる熱田神宮のような古社寺や犬山城のような古城跡、美しい自然に囲まれた香嵐渓に代表される景勝地が有名である。さらには、名古屋のように豆味噌やたまり醤油を使った、その土地特有の食や文化に触れられる場所がある。このように愛知は、多岐にわたる名所が多い地域なのである。

ところで名所というと、みなさんは何を思い浮かべるだろうか。広辞苑（岩波書店）で名所を引くと、「景色または古跡などで名高い所。などころ。」とある。確かに名所と言えば、名古屋城天守閣のように壮大な建造物であったり、三河八橋のように「伊勢物語」の中で在原業平がかきつばたを詠んだカキツバタの名勝地であったり、徳川園のような日本庭園でお月見が楽しめる観月名所などが思い浮かぶ。一般的に名所といえば、歴史的な旧跡や桜の名所など名勝地のイメージが強い。ところが、名駅にある現代の「ナナちゃん人形」は待ち合わせの名所と呼ばれる。東海地方を代表する食品卸売の「柳橋中央市場」は、市場の名所である。さらには「事故・自殺の名所」など負のイメージのものもある。つまり名所は、「景色や古跡で有名な場所」のほかに「人が集まる場所」や「事象が多い場所」という要素も含まれているのである。このように、名所の概念は定まっておらず、さまざまな解釈がなされて多様なものが存在しているのが現状である。

本書は、愛知に存在する名所を集めたものである。本のタイトル「明治・大正・昭和　愛知の名所いまむかし」とあるように、明治～昭和に知られていた名所を厳選し、その魅力や特徴を余すことなく紹介する。いわゆる神社仏閣や景観美を誇る場所などはもちろんだが、名所はつくられるという観点から、たとえば都市における人々が待ち合わせ場所につかった有名スポットとか、ランドマークだった建物とか、誰もが知っていたお店・商業施設・公園なども「名所」とし、あまり知られていないB面的な要素を中心にして紹介する。

また、本書の特徴としては、今では忘れられた名所を意図的に取り上げていることである。金閣を模した聞天閣や各地にできたサンドスキー場など、自然災害や戦災などで消滅した名所のなかには、今あれば文化財級のものや人気の観光地となったものがみられる。こうした失われた名所には、かつてその名所が生み出した歴史や文化、さらには風習や文化的背景などがあり、それらも深く理解できるよう紹介する。

本書が、愛知の名所に興味を持つみなさんに新たな発見や感動を与え、また、その名所に訪れる際の参考になることを心より願っている。

岩瀬彰利

明治・大正・昭和 愛知の名所いまむかし【目次】

Ⅱ　忘れられた名所

Ⅲ　初三郎式鳥瞰図が描いた名所

Ⅳ 都市のなかの「名所」

御嶽山
塩尻
川宇連花ノ木白生地
段戸山
足助城趾
勘八山
川合
鳳来峡
鳳来寺
挙母
真福寺
大樹寺
滝山寺
三河富士
本宮山
長篠城趾
財賀寺
三河国分寺趾
三河国分尼寺趾
豊川稲荷
砥鹿神社
照山
赤坂
宮路山
藤川
岡崎
御油
総社
菟足神社
正宗寺
石巻山
蒲郡
小坂井貝塚
吉田城趾
岩屋観音
里山一里塚
豊橋
二川
東観音寺
田原城趾
渡辺崋山墓
田原
古々窯跡
浜松
静岡

愛知県名所図（『オール三河名勝史蹟遊覧地案内』名古屋新聞社、1933 年）

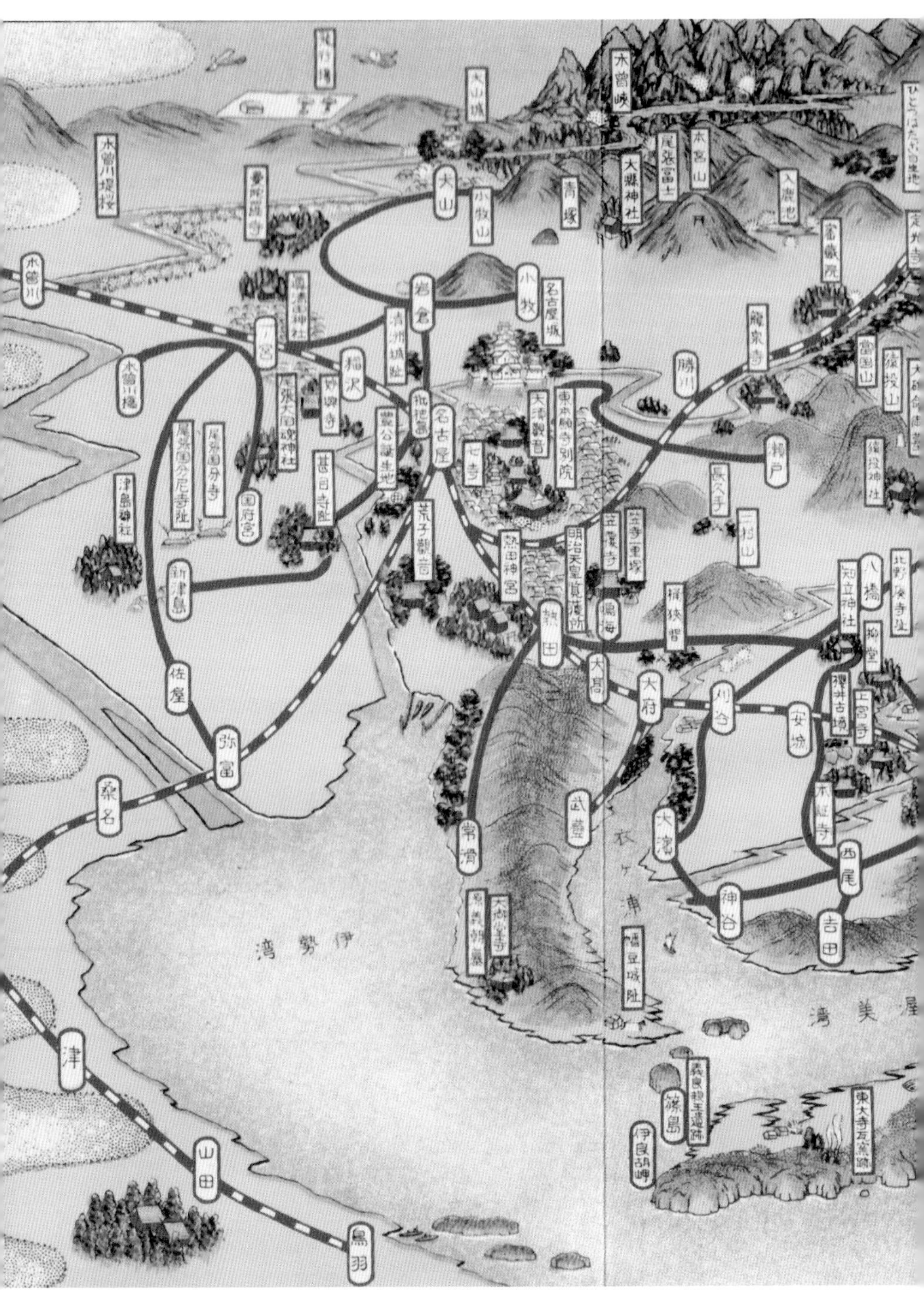

【総論】名所はつくられる

文／岩瀬彰利

【旅の発達】

江戸時代では、庶民の移動は制限されていた。ただ、信仰を目的とする旅は許されていたため、「お伊勢参り」のように神仏を拝みに行く参詣は庶民の間で大流行した。この信仰の旅は、当時から「伊勢参宮大神宮へもちょっと寄り」の川柳があるように、旅の楽しみは名所めぐりや温泉、名物へと移っていった。このため『都名所図会』などの本や『東海道中記』のようなガイドブックが出版されたのである。

明治になると、関所が廃止されて移動の自由が認められ、鉄道の発達などもあって庶民の旅行は大幅に増加した。明治なかば以降、英語のツーリズム（tourism）の訳語として「観光」があてられるようになり、昭和になると現代のような他地域の名所や風景などを見たり、体験したりするという観光行動が定着した。

【観光対象としての名所】

旅が発達し、観光旅行が定着すると、物見遊山の中心的役割の名所というものが重要になってくる。江戸時代以前から存在した名所に加えて、いわゆる観光産業のために「名所」はつくられていく。

例えば、自然や歴史、文化的な価値を持つ場所であっても、人々がそれに関心を持たなければ、名所として認知されることはない。これに対して、宣伝やメディアの注目によって、比較的無名な場所でも有名になることがある。

つまり「名所」となるのには、その場所に何らかの魅力的な要素があるだけでなく、人々がその場所に注目して話題にし、その場所に価値を見出さなければ生まれないのである。

【名所となるには】

今でこそ観光名所である名古屋城や名古屋テレビ塔は、建造当時は単なる建築物に過ぎなかった。しかし、それらの施設が注目され、多くの人々に知られるようになったことで、「名所」として認知されるようになった。同様に、歴史的な建造物や文化的な祭りなども、その魅力や価値が広く知られることで、「名所」としての地位が確立されたのである。

しかし、単にその場所に魅力や価値があるだけで、名所となるわけではない。その価値を共有して広めることで、名所となるのである。待ち合わせ場所の「ナナちゃん人形」、大須商店街、名古屋めしの「矢場とん本店」など日常空間でも名所と昇華するのである。

これら名所としての価値を高め、また幅広く周知する方法として、古くから各種の媒体や様々な方法で情報の発信がおこなわれていた。例えば①旅行ガイド（観光地図・ガイドブック）、②おみやげ（絵葉書、名物）、③宣材（うた・マッチ）、④企画旅行などがあり、それらは時代と共に変化していったのである。

ナナちゃん人形

①旅行ガイド

旅行者が訪れたい場所を選ぶ際に、重要な情報源となるのが観光地図とガイドブック。これらの媒体が、ある地域や名所などを紹介することで、その知名度が上がり、人々の興味をひく。江戸時代には国絵図や道中図などの地図、道中記や名所図会などがガイドブックとして活用された。

明治になると鉄道網の発達とともに地図とガイドブックが進歩する。明治20年代頃からそれまで和装本であった装丁が洋装に変わりはじめた。地図については、江戸時代からみられた鳥瞰図的なものか、平面的な地図かという、2種類が存在していた。タイトルも『東京名所図絵』のように図絵や図会が使われたが、のちには『東京遊覧案内』のように案内が使われるようになっていった。そして、挿図も変化していった。それまでの木版が明治10年代からは銅板や石版に変わった。そして写真は明治30年代から登場し、明治末期にはほとんどのガイドブックが写真を使用するようになった。

また、取り扱われる名所も変化した。従来まで知られていた名所に加え、明治になると新たに成立した官公庁舎、銀行、会社、橋梁、工場などの新名所が取り上げられた。これらは洋風建築で外観が人目をひいたため、近代化を象徴する名所として扱われたのであろう。

こうして地図や写真と解説を掲載するガイドブックの基本形態が

完成した。

大正になると、観光地図は大きく変わっていく。吉田初三郎の鳥瞰図が全国の旅行パンフレットに取り入れられ、大正から昭和初期に起こった大観光ブームを支えたのである。「大正の広重」と呼ばれた吉田初三郎は、1913年の『京阪電車御案内』を皮切りに生涯に1600点以上も描いている。初三郎の特徴を表すデフォルメした地図に名所を絵で描くという構図はわかりやすく、裏面に名所の写真と解説を載せた観光パンフレットは、全国各地でつくられていった。

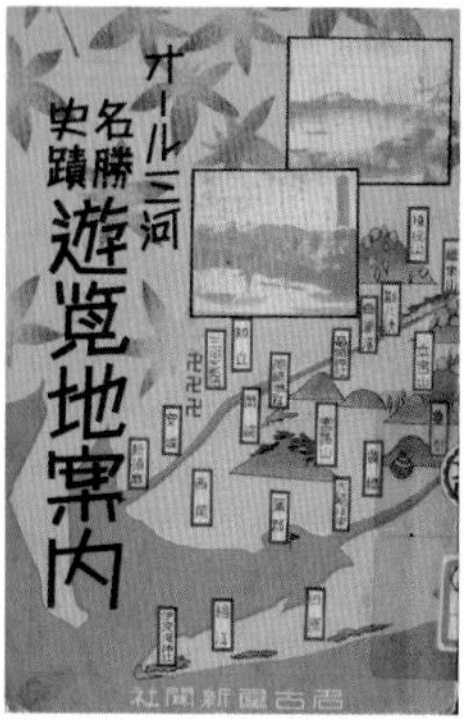

オール三河名勝史蹟遊覧地案内（1933年） 豊橋市図書館蔵

戦後になり、昭和30年代からの高度経済成長期になると、鉄道や道路が整備されて各地に大規模な観光開発がおこなわれ、観光業が一大産業となった。人々を呼び込むための観光地図やガイドブックはモダンさが求められて実用性を高め、鳥瞰図は古臭く感じられて、正確な地図かイラスト地図に取って代わられた。

②おみやげ

江戸時代の伊勢講がきっかけで広まったおみやげ文化。当時はお札を貼る板「宮笥」など腐らないものがおみやげとされ、門前の名物の赤福などは現地で食された。

明治になって鉄道が発達して旅行時間が短縮されると、これら街道筋や門前の名物は、持ち帰りができるおみやげに転化していくようになった。熱田神宮の「きよめ餅」や知立の「あんまき」などがその例である。

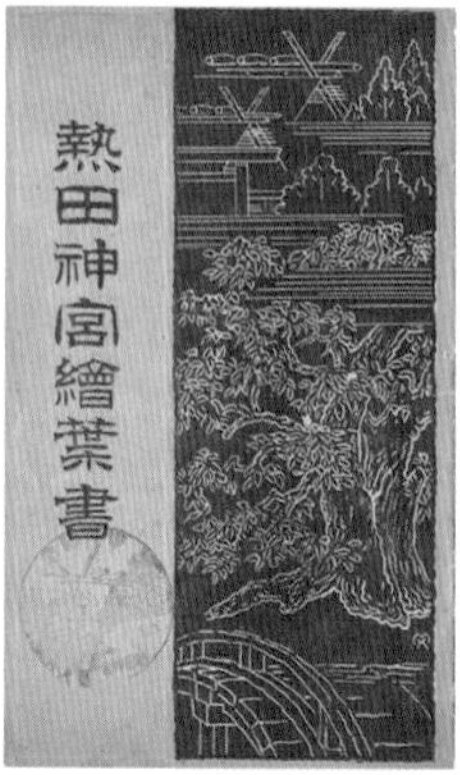

一方、1900年（明治33）から使用が認められた私製絵葉書は、日露戦争記念の絵葉書が大ブームになったことから庶民に広まっていった。そして印刷技術や写真技術の進歩に伴って、風景写真が多くつくられるようになり、観光絵葉書が誕生したのである。風光明媚な景勝地や名所を写した絵葉書は、写真が自由に撮れなかった時代、観光土産として人気を集めた。やがて、カラー写真が発明される前にもかかわらず、一枚一枚色付けされた手彩色絵葉書や多色刷りで色が付けられた絵葉書もみられ

熱田神宮絵葉書（1935年） 愛知県図書館蔵

るようになった。戦後になって高度経済成長期を迎えると、カラー写真が使われた絵葉書が珍しさから流行するようになった。

③宣材（うた・マッチ）

名所と「うた」には、非常に密接な関係がある。古代には、万葉集など和歌に詠まれた景勝地が名所となったように、歴史的にみると、多くの歌が特定の名所に関連してつくられてきた。これは、名所が人々の想像力を刺激し、名所を広めるとともに感情表現の手段ともなった。

明治には数多くの鉄道唱歌が発表された。鉄道唱歌は、沿線の駅名や地名をはじめ、名所や歴史など関連する項目が歌詞に入れられた。

また、大正以降に「新民謡」というジャンルが確立され、名所や風俗、名物など地域を題材とした歌詞が音頭などに登場した。ほとんどが地方自治体や新聞社などの制作依頼によるもので、特に作詞家では野口雨情、作曲家では古関裕而などが知られている。野口は、戦前に犬山音頭、尾張一宮ウール・ライン節、瀬戸小唄、熱田小唄、挙母音頭、安城小唄、豊川音頭、岡崎小唄など数多くの作詞をした。また古関は、戦後間もない時期に名古屋かっぽれ、夢の豊橋、豊橋観光音頭、観光蒲郡の歌、刈谷小唄などを作曲している。

豊橋観光音頭 SP レコード（1952 年）　豊橋市図書館蔵

戦後は、演歌や歌謡曲のジャンルで、ご当地ソングが各地で多くつくられた。ただ、名古屋を含めた愛知は歌になりにくかったため、数は少ない。代表的なのは北島三郎の「なごやの女」、「ナゴヤ地下街の歌」などである。

一方、宣材商品としてマッチも多用された。明治になって日本にもたらされたマッチは、用途によって多様なものがつくられた。特に、大正末期から盛んにつくられた広告用マッチは、店舗や商品などあらゆる宣伝材料として用いられた。名所自体の宣材用マッチは少ないが、交通や旅行を扱った企業などが名所を紹介した。

豊橋博記念マッチ（1954 年）
豊橋市図書館蔵

また、それまでは宣伝ラベルが

豊橋電気軌道 赤岩寺拝観・御祈祷、往復バス券（1936 年）
個人蔵

貼り付けられていたマッチ箱は、昭和30年代から箱自体に絵や写真が印刷されるようになり、大量生産された。これにより、家庭内などへ宣材用マッチが行き渡るようになった。

④企画旅行

鉄道の発達とともに鉄道旅行が普及し、「回遊列車」といった鉄道旅行の商品も登場した。特に大正から昭和初期には、登山や海水浴などのレクリエーション旅行も生まれた。なかでも私鉄は利用促進と地域開発のために企画旅行と観光地開発を各地でおこなう。愛知でみると名鉄（名古屋鉄道）と関連会社による犬山開発があげられる。

1913年に木曽川が日本ラインと名づけられると、名鉄により電車やバス路線が整備され、犬山城とあわせて開発されていった。

沿線案内 名鉄電車（1961 年）

高度経済成長期には、名古屋からの日帰り旅行に対応するように、明治村、日本モンキーセンター、犬山ラインパークなどのテーマパークを開園した。また、犬山温泉、名鉄犬山ホテルも整備して、宿泊地としても開発した。そしてテレビのミニ番組でこれらを紹介し、名古屋発の1泊2日旅行を推奨したのであった。

名所となるには、歴史的や文化的な背景、美的なデザインや構造というような名所自体がもつ魅力が重要な要素になる。それとともに所有者、地元の住民や自治体、企業などによる景観の整備・維持、観光インフラの整備、イベントなどの開催という「地域おこし」も必要な要素である。

これらの要素の組み合わせによって名所はつくられ、それぞれがその魅力を構築しているのである。

I

あの名所のB面

＊Ｂ面＝物事の対比として、メインではない側面や裏側、補足的な要素をさすこと

名古屋城

〃尾張名古屋は城でもつ〃と謡われた名古屋城は、今を去る三百四十年程前の慶長十九年に完成をみたものであります。天主閣御殿は焼失しましたがまだまだ名城としての壮観が偲ばれます。

名古屋城（1954年）「夜の観光バス」

明治末期の熱田神宮参拝【名古屋市】

文／細谷公大

熱田神宮の「正参道」

熱田神宮は年間700万人もの参拝者が訪れる信仰の場である。自家用車や鉄道を利用し東西の参道から境内に入る参拝者が大半のようであるが、境内南端「南門」にある鳥居が「第一鳥居」であることを意識する参拝者は少ない。

この「第一鳥居」から本宮へと続く参道が、1893年（明治26）の神宮大造替事業（いわゆる「明治の御改造」）から明治後期までの間に、現在の旧参道西側に新たに整備された「正参道」である。

ここでは、参拝者の視点から正参道の様子を記録した最古期の記録である新聞記事（『名古屋新聞』1910年（明治43）8月23日付朝刊記事「午前二時⑿　人口四十萬の夜の名古屋　暗黒裡に於る記者の活動」）を基に、当時の絵葉書・古写真と共に紐解いてみたい。

南門～楠大明神（楠御前社）

▲熱田神苑（廿二日）

元来臆病な自分が熱田神苑とは甚だ不運な廻り合はせと云はなければならぬ、是が雨でも降つて暗い夜なら、或は勤務も無事に仕終はせなかつたかも知れないが、幸ひなる哉空には塵程の雲もなく、十七夜の月が白昼を欺くばかりに光つて、古杉老楠の影を薄すらと地に印して心地よい程晴れやか夜である。

記事はまず、8月22日午前2時に神宮境内を取材する記者の偽らざる心情と、南門前から窺える境

①1931年（昭和6）8月「楠大明神」（白龍社、現「楠御前社」）を正参道から収めた絵葉書　熱田神宮蔵　記者が参拝してから20年が経過しているが「老い朽ちた楠」と形容された楠の古木が確認できる。現在楠は失われているが周囲の瑞垣は現在もそのままである。

②1921年「佐久間燈籠」を収めた絵葉書　熱田神宮蔵　「高彦」奉納の「是を模した今一基」側から撮影している。背後に旧参道沿いの町並み（新宮坂町）が確認でき、向かって左側の建物は銭湯である。当時まだ境内整備の途上であったことが窺われる貴重な一葉である。

内の様子を記している。明るい月夜、南門周辺は別宮八剣宮周辺の古杉や老楠の枝振りが薄っすらと地上に影を落としていた。

何気ない描写だがここにも重要情報が含まれる。伊勢湾台風の影響で社叢が大きく変化するまで「昼なお暗し」とも形容された境内だが、現文化殿あたりから南門に掛けた部分は、1893年より段階的に旧社家屋敷や民家、八剣宮等摂末社が混在する区域を整理・拡張し整備された部分である。

当時は整備が継続中であり、植樹されて間が無く背の低い社叢の中で、元々鎮座していた八剣宮境内等の古杉や老楠が一際目立っていたことがこの描写から窺われる。

南門の鳥居を潜ったのは一時四十分、先づ第一に眼に付くのは八剣宮の東の楠大明神である、老い朽ちた楠に、七五三飾り仰々しう。大小の鳥居の数幾百、光つて居る献燈も十三と数へられて、何様御繁昌の体と拝せられる、(後略)

南門から境内へ入った記者がまず目にしたのが、「楠大明神」すなわち楠御前社に奉納された、両手に抱えられる大きさの鳥居数百基である。現在のところ筆者は当時の写真を確認できていないが、今も当時と変わらず、さまざまな願

【本稿に関連する施設と写真の撮影方向】
(「名古屋市都市計画情報提供サービス」より
平成28年版都市計画図を加筆引用)
①→ 引用した絵葉書・写真の番号と撮影方向
正参道
本宮御溝
旧参道(旧新宮坂町)
ア 「南門」(一之鳥居、現:第一鳥居)
イ 「楠大明神」(楠御前社)
ウ 「佐久間燈籠」
エ 「髙彦」奉納の大燈籠
オ 二之鳥居(現在は存在しない)
カ 三之鳥居(現:第二鳥居)
キ 「神官詰所」(南宿衛舎)

い事が記された鳥居が奉納されている。

なお、「老い朽ちた楠」は熱田の中心的シンボルとしても親しまれたが、現在は枯れて失われている。

佐久間燈籠と「高彦」奉納の燈籠

佐久間玄蕃が四百年の昔に奉納した大きな常夜燈には灯が点いて居るが、是を模した今一基、高彦が奉納の方には灯が点いて居ない、けれど是を種に佐久間対高彦の優劣を論ずる必要もなかろう、其外の小さい常夜燈は幾十基なるが、灯の点いて居るのは、一基もない、月夜の晩には油を倹約するのか夫とも毎夜怠うであるかは、初めての自分には解らない、（後略）

正参道を歩む記者が次に目にしたのが、「日本三大燈籠」の一つとして名高い「佐久間燈籠」と、正参道を挟み対に聳える「高橋彦次郎・渡邊為次郎・伊藤萬藏」の連名で1896年に奉納された「是を模した今一基」、そして正参道に沿った「常夜燈」幾十基である。

この「是を模した今一基」の燈籠について、全国の神社仏閣に標柱や燈籠を奉納した人物として近年俄に脚光を浴びる「伊藤萬藏」の名は記事に無く、ニックネームで高橋彦次郎を「高彦」とのみ記載しており、当時の知名度が窺える。高橋彦次郎は日清戦争時の米相場で財を成し市民から「高彦将軍」と親しまれ、後に名古屋株式取引所理事長も務めた人物である。

なお、記者が点灯を確認したのは「佐久間燈籠」一基のみであったが、現在も「佐久間燈籠」と「是を模した今一基」の燈籠は同じ場所にある。今、ここに立って深夜に仄かな点灯が夜風に揺れているさまを想像するに、記事冒頭

③ 1912 年の「三之鳥居（現：第二鳥居）」を収めた絵葉書　個人蔵
鳥居手前の「本宮御溝」に橋が架かっている。「本宮御溝」は 1925 年頃に埋められた。手前左に記者が見た「小さい常夜燈幾十基」の一部が確認できる。

④ 1906 年の正参道を収めた絵葉書
熱田神宮蔵
左が「神楽殿」、正面鳥居が「三之鳥居」（現：第二鳥居）。神楽殿は 1940 年に現文化殿の場所へ装い新たに設置されたが名古屋大空襲で焼失した。記者は玉砂利に「下駄が埋まつて頗る歩き憎い」中、この鳥居から本宮（手前側）へと歩みを進めた。

で「元来臆病な自分」と吐露した記者の心情を察するに余りある。

二十五丁橋通り～神前（本宮）～熱田神苑（神園）

二十五丁橋通りの小橋を渡ると、一面に敷き詰めた小石に、ザク〳〵と音しながら、下駄が埋まつて頗る歩き憎い、神前に恭しく額づいて、拍手の音清らかに、天下泰平、五穀成就、続いて社運隆盛、我身の健康を祈り、終つて西寄りの神官詰所を見ると、硝子障子に行燈の光り薄暗く、当直と見江て六十余りの老人が、仮寝の夢を破られた体で、ムク〳〵と頭を揚げて硝子越しに怪しの者を見るやうに自分を見詰める、（後略）

続けて、記者は下駄を履いた両足を玉砂利に取られつつ「二十五丁橋通り」の橋を渡り「神前（本宮）」へ至る。西寄り「神官詰所」で宿直する神官を詰所のガラス越しに見つつ、本宮を参拝した。

「二十五丁橋」は現在「くさなぎ広場」へ移築されているが、当時、現「第二鳥居」前の両脇東西に長く「本宮御溝」と称される堀があり、大正末年頃に堀が埋められるまで橋として用いられていた。

本宮前の「神官詰所」は正しくは「南宿衛舎」で、本宮前西側にあったが、名古屋大空襲で焼失後、現在の東側に再建されている。

本文は省略するが、その後記者は「熱田神苑（神園）」を経由し境内を退出。その足で「七里の渡し」近くの神戸町へ出向いている。

熱田神園は、旧熱田神宮寺敷地の池を明治以降に庭園として整備し一般開放したもので、神宮祭礼の折は露店も並び、戦前まで参拝者や地域住民が集う憩いの場であった。

⑤ 1935年頃の本宮を収めた絵葉書　個人蔵
板垣内側向かって左（西）側の建物が「神官詰所（南宿衛舎）」。記者が参拝してから25年経過しているが配置は当時のままである。現在と比べて石階両脇の燈籠、楠の様子は変わらないが、石階の設えや社殿配置は1955年の大造営時までに一部変更された。

⑥ 1906年の「神苑」を収めた絵葉書 熱田神宮蔵
参拝者や地域住民の憩いの場であり、馬場町筋（写真右奥。現：国道19号線）との間も常時開放されていた模様である。

名古屋城下最大の祭りだった東照宮祭【名古屋市】

文／寺西功一

名古屋祭といわれた東照宮祭

東照宮は、1875年（明治8）までは名古屋城内三の丸（現在の東海農政局の場所）にあった。陸軍の名古屋鎮台の設置にあたって、城下町碁盤割の北端、尾張藩藩校の明倫堂跡地に移転させられている（現在の名古屋市中区丸の内）。同時に天王社も移転し、西に東照宮、東に天王社（1899年に那古屋（なごや）神社と改称）と現在の配置がつくられた。

東照宮祭は、1618年（元和4）に始まったとされる。祖神である徳川家康を祀る近世名古屋城下で最大の祭礼であった。からくり人形をもつ山車9両が出て、本町通から若宮八幡宮の北にあった御旅所まで名古屋のまちを練り歩く壮大なもので、明治時代に名古屋祭とよばれていた。山車以外にも、仮装などの出し物が続き、たくさんの見物客を楽しませた。

明治維新後、藩の援助もなくなり昔日のおもかげはなくなった。しばらく中断するが、旧藩士による復興運動で、1881年に新しい行列で再興する。

現在も祭は毎年4月16日、17日におこなわれる。16日には、境内で雅楽の演奏とともに舞楽（ぶがく）が舞われるのを見ることができる。

八重垣町と那古野神社

東照宮の西、長島町通りを挟んで明倫尋常小学校があった。そこの児童は登校の際に権現様（東照宮）とお天王様（那古野神社）を参拝することが日課となっていた

三の丸東照宮　『尾張名所図会』前編巻１　愛知県図書館蔵

という。

東照宮と那古野神社はまったく別の神社であるが、隣り合っているため同じ神社と間違えられることがある。

那古野神社は東にある大鳥居が正門にあたるが、そこから本町通りまで、かつて八重垣町というモダンな商店街があった。洋食屋、喫茶店などがあり、高級感が漂っていたという。

昭和初期に名古屋の財界人が名古屋銀行協会の敷地南西に八勝倶楽部という会館をつくっている。その南にあったのが八重垣劇場という映画館だ。スパニッシュ様式の建物で1930年（昭和5）に開館。外国映画専門で名古屋屈指の映画館であった。

国宝だった社殿

戦災で焼失する前の東照宮社殿は、1935年に本殿、拝殿、唐門などが国宝に指定されていたが、1945年の空襲で焼失してしまった。終戦の翌年の1946年には、例祭に舞楽が復活している。

焼失した社殿の再建には、建中寺にあった高原院霊廟が1953年に移築され本殿とした。高原院とは初代尾張藩主徳川義直の正室春姫のことで、徳川家ゆかりの建物である。その本殿再建のために境内の北東角地を売却して資金にあてた。

桜の名所

東照宮はいまも桜の名所としても知られているが、平成の終わり頃までは隣りの那古野神社境内も含め、屋台も出て賑わっていた。しかし、桜の樹勢の衰えもあり、そうしたことはなくなってしまった。

東照宮大祭舞楽（明治末）

名古屋仲店　八重垣町　『揚輝荘主人遺構』

那古野神社の桜（1930年）　山本殖産株式会社蔵

都市のなかのお寺 万松寺【名古屋市】

文／寺西功一

万松寺は、信長の父である織田信秀が建立した寺である。1540年（天文9）の創建。名古屋城築城以前は、現在の中区丸の内・錦あたりに広大な寺域をもっていた。七堂伽藍が備わり、寺域は約5万5千坪だったという。現在、桜天神社がある周辺である。

1610年（慶長15）の名古屋城築城のときに、現在地の大須に移転した。

境内の開放と商店街

明治時代にはいると尾張藩の庇護はなくなり、広大な境内の維持も困難になっていった。

1908年（明治41）に名古屋市に4区制が実施されて、境内に中区役所が置かれた。このころの寺域は、2万2309坪だったという。

1912年（大正元）に、三十七世大円覚典和尚が寺域を開放して、周辺は繁華街として賑わっていく。南に面して建っていた本堂は移動して東に面するようになり、当初の本堂跡を南北に貫くかたちで新天地通りができた。

その頃、曹洞宗の二大本山の一つである總持(そうじ)寺が火災を機に石川県能登から横浜市郊外の鶴見に移転する。その際、万松寺の建物がいくつか移築された。また、初代尾張藩主義直の正室春姫の霊廟は尾張徳川家の菩提寺である建中寺に移築されている（戦後、東照宮へ再移築）。

かつての禅寺の景観は大きく変貌し、大正時代以降、新天地通りには映画館の立ち並ぶ新しい娯楽

万松寺の本堂（明治末頃）

万松寺（1940年）『名古屋の名所旧蹟』

を提供する場所となっていった。

下図の帝国劇場は、門前町にあった芝居小屋「帝国座」で、１９１９年に万松寺境内に移転し、１９３７に新築開館したもの。残念ながら名古屋大空襲で焼失している。

織田信秀の墓所と白雪稲荷

戦災焼失前まで、万松寺周辺には墓地があった。それらは、戦後の戦災復興にあたり平和公園に移転している。

信秀の墓所は不動堂、白雪稲荷のお堂の裏手にのこされていた。２０１７年の本堂新築以前は、渡り廊下をくぐったところにあり、そこは商店街の喧噪から離れ、静寂に包まれた空間であった。現在、墓所は本堂前に移されている。

白雪稲荷は、幕末に描かれた『尾張名所図会』にもあるようにいまも参詣がたえない。戦前までは境内の北東（現在、万松寺駐車場の赤門通りの出入口）あたりにあった。

身代わり不動28日の縁日

織田信長が戦いの際、万松寺の和尚からもらった餅に鉄砲の弾が当たって身代わりとなり、命も救われたことに因んで「身代わり不動」と言われている。毎月28日は縁日としてつきたての餅をふるまう。その日は赤門通り大光院明王殿の縁日も重なり賑やかである。

大須商店街の一角をしめる現在の万松寺は、仏教寺院として新しいスタイルの提案をつねにおこなっている。２０１７年春に、諸堂「白龍館」がリニューアルオープン。一日に5回、時間になると境内にある白龍のモニュメントにＬＥＤを使った演出がある。「再生」をテーマとした音・水・光のダイナミックなものである。

万松寺通り入り口（2002年）

万松寺境内にあった帝国劇場（1938年）

2002年の
万松寺境内

今も昔も名古屋の名所　大須観音　【名古屋市】

文／寺西功一

名古屋第一の商店街をもつ大須。まさにその名前のもととなったのが大須観音である。正式には北野山真福寺宝生院といい、大須の観音さまと親しまれている。

もともとは1612年（慶長17）に現在の岐阜県羽島市大須にあったものを徳川家康が名古屋開府に合わせて移転させたものである。

本尊の聖観音菩薩は老若男女問わず一切の衆生を救済する仏様として篤い信仰をうけている。そのため江戸時代以来、多くの絵画や絵葉書にその様子が活写されている。

『古事記』の最古写本をはじめとする貴重書を多数蔵する「大須文庫」があることでも知られている。

幻の五重塔

『尾張名所図会』を見ると、本堂の横に立派な五重塔があるのがわかる。1815年（文化12）頃に建設がはじまり、1824年（文政7）頃に完成したとされる。空海が彫った愛染明王（あいぜんみょうおう）像が塔内に安置されていたという。

残念なことに1892年（明治25）、近くの芝居小屋宝生座から出火した火事によって全焼してしまった。現在残された大須の五重塔の写る写真は数枚しかなく、幻の塔といえる。明治時代の前半に焼失してしまい、その後再建はされなかった。明治後半に各地の名所を写した絵葉書などにも残されていない。

焼失前の五重塔が写る写真（1872年頃）

仁王門通本町角の桔梗兼（うどん屋）（1930年）
『門前警察署改築記念写真帖』
名古屋市鶴舞中央図書館蔵

参道から商店街へ

本町通りから延びている仁王門通が境内にはいる参道である。これは大須観音が移転してきた時代と関係がある。名古屋城建設とともに城下町の南端である南寺町に寺院を集住させたのだが、わずかに大須観音の移転は遅れている。すでに多くの寺院は本町通り沿いに配置されたため、本町通りからやや離れた場所にある境内までの長い参道が必要となった。そこに店などができる素地となった。

七代目尾張藩主宗春の時代に、芝居や寄席、見せ物などで賑わうようになる。

１９３５年（昭和10）に本町通りの舗装拡幅工事がおこなわれた。それに合わせて仁王門通の入口にアーチのネオンサインもできる。

２年後の１９３７年、汎太平洋平和博覧会が開催。この時代は名古屋の都市整備がすすんだ時期で、電気照明の技術的な発展とあいまって大須もモダンな商店街に変貌していく。娯楽のまちとして、映画や芝居見物の人々で大いに賑わい、老舗の料亭や小料理屋なども多かった。

戦災からの復興

１９４５年の戦災で、本堂をはじめ境内の建物は焼失してしまう。戦後仮の本堂が建てられたが、新しいコンクリート製の本堂ができたのは、１９７０年のことだった。

１９７０年代半ば、衰退傾向にあった町を盛り上げようと、若者たちが「アクション大須」というイベントを立ち上げ、それがいまの「大須大道町人祭」につながる。電気街、ファッションの街、食べ歩きの街など、さまざまな顔をみせてくれる街として、現在も進化を続けている。

仁王門通の夜（1960 年）
大須商店街連盟蔵

戦災後に仮本堂が建てられた大須観音
大須商店街連盟蔵

三河三弘法のにぎわい【知立市】

文／近藤真規

知立の弘法さん

知立市弘法山の遍照院、刈谷市一ツ木の西福寺、同じく一里山の密蔵院の三か寺は三河三弘法と呼ばれる。これらは宗派を異にするが、弘法大師自ら彫ったとされる大師像が安置され（それぞれ見返弘法、見送弘法、流涕弘法と呼ぶ）、いつしかこの三か寺の霊場巡りがおこなわれるようになった。なかでも一番札所である遍照院は「知立の弘法さん」として広く親しまれている。

弘法さんの命日である旧暦二十一日には沿道や境内に多くの露店が出て参詣者でにぎわう。ここでの買い物も人々の楽しみであり、各地から多くの人々を招き寄せる要因であった。その人並みの多さに驚嘆したものであるが、近年は減少傾向にあり淋しくもある。これも時代の流れかもしれない。

この三河三弘法の霊場巡りがいつ頃始まったのかはっきりしないが、江戸時代は東海道から外れていたこともあってか旅行案内記などにも見えない。参詣者が急増するのは大正時代以降、この地に鉄道が敷かれてからであった。

鉄道とのタイアップ

知立はかつて宿場町であったが、明治になると宿駅制度が廃止され、さらに鉄道東海道線のルートからも外れた。しかし、１９１５年（大正４）に三河鉄道（今の名鉄三河線）の知立駅が開設し、１９２３年には愛知電気鉄道が有松裏駅から新知立駅を開通させ、や

弘法通りのにぎわい（1970 年頃）
知立市役所蔵

一番札所遍照院（大正頃）絵葉書
知立市歴史民俗資料館蔵

一ツ木駅（大正 12 年頃）絵葉書
知立市歴史民俗資料館蔵

がて名古屋・豊橋間と豊田・碧南間の乗換駅となった。かくして知立は交通の要衝としてよみがえった。これにより知立を下車して遍照院、知立神社、密蔵院、西福寺、一ツ木駅（もしくは逆ルート）の巡回ルートができた。

同年開業した一ツ木駅には寺院風の絢爛たる待合室が建てられた。また、三河鉄道の刈谷・知立間にある重原駅が開業したが、当初数年は弘法縁日に限り停車する臨時駅であった。これは遍照院の跡地とされる重原の弘法堂への参詣者を意識したものであった。

三河鉄道と愛電は競うように三河三弘法の宣伝に力を入れ、沿線案内に紹介したほか、参拝帳なども頒布し、臨時列車の増発をおこなったりした。

にぎわう弘法通り

遍照院へ向かう道はかつて吉良道といい、人家も少なかったが、三弘法で人の流れができるにつれ、仏壇店、農機具店、食堂などが並び、いつしか弘法通りと呼ばれるようになった。道沿いにいくつかの弘法堂も設けられ、門前町らしくなった。山門付近の食堂ではウナギや鳥飯などがあり、とくに「あんまき」は知立名物として今も有名である。

三弘法の巡回ルートを巡るには知立の街中を通ることになる。月に一度とはいえ、鉄道を味方にして数万人もの人々をどっと呼び寄せ、知立の商業発展にも少なからず貢献した。近世は馬市や木綿市で知られた知立であったが大正時代以降は鉄道の結節点としてよみがえり、弘法市で再びにぎわいを取り戻した。それは交通都市知立の面目躍如たるものであった。

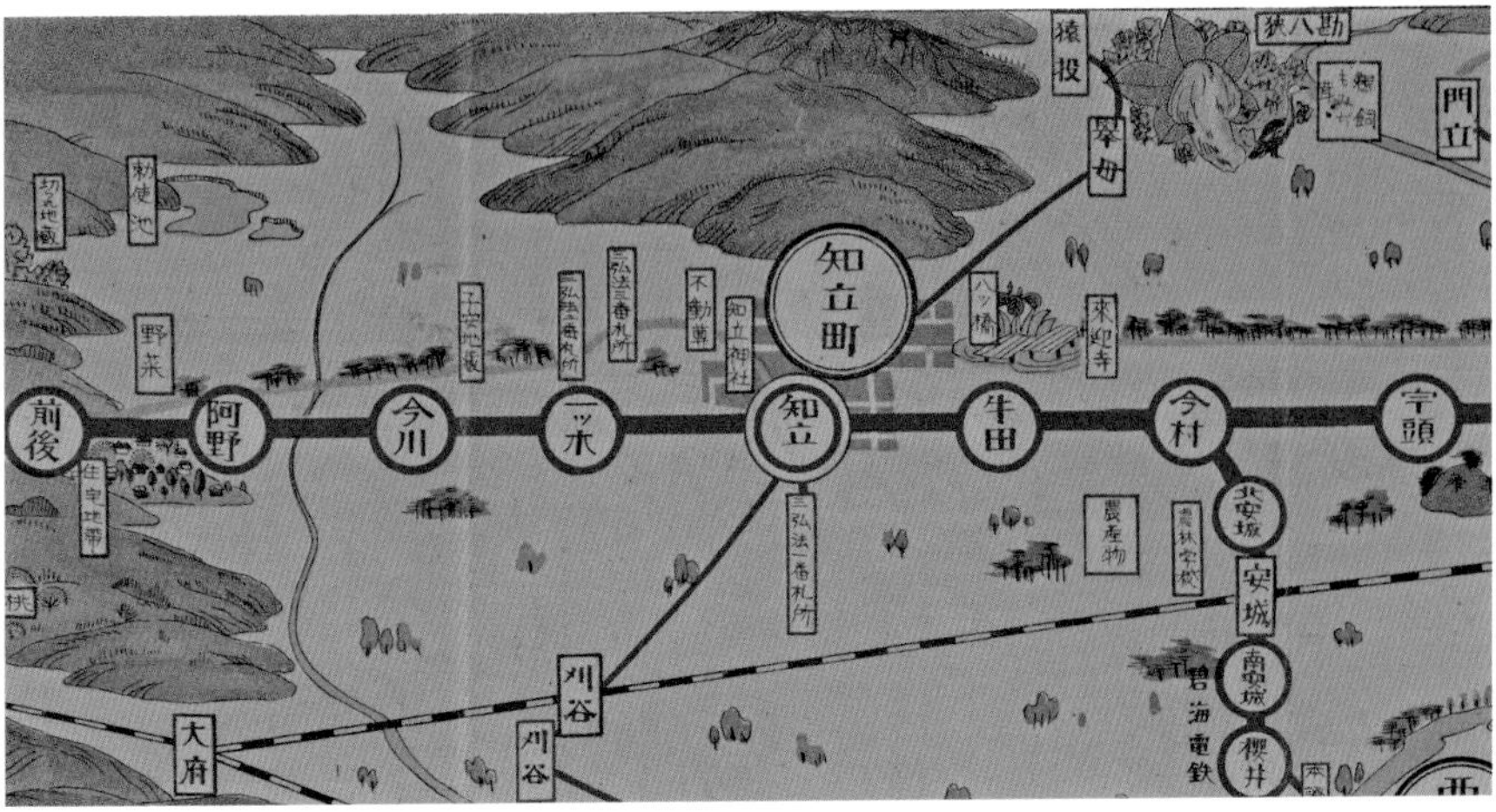

愛知電気鉄道沿線案内（昭和初期頃）　知立市歴史民俗資料館蔵

明治浮世絵に描かれた豊川稲荷【豊川市】

文／桒原将人

4つの名を持つお稲荷さん

とかく私たちは「日本三大〇〇」という表現が好きなようで、日本三大夜景、日本三大祭り、日本三大花火など枚挙に暇がない。「三大〇〇」なんていったい誰が決めたんだと思いつつも、一度は行ってみたい、と旅情を誘われる。

日本三大稲荷もそう。その一つに数えられる豊川稲荷は、正式には円福山豊川閣妙厳寺という。なんと「豊川稲荷」「円福山」「豊川閣」「妙厳寺」と4つも呼び名を持つお稲荷さんなのだ。

稲荷といえば神社というイメージだが、ここは曹洞宗の立派なお寺。1441年（嘉吉元）に千手観音を本尊とし、東海義易が開基した。初めは円福ヶ丘に結んだ草庵だった。寺院なのに「稲荷」と呼ぶのを疑問に思う人もいるかもしれないが、これは山門の守護として、稲荷神の本地（本来の姿）である吒枳尼天という仏様を祀っているためだ。

戦国時代には今川義元が堂塔を造営して寺領を寄進し、関ヶ原の戦いのあとには勝利をおさめた徳川家康が寺領を安堵している。江戸時代に入ると天下の名奉行として名高い大岡越前守忠相がこの地を領し、豊川稲荷を厚く信奉した。

百万人で賑わうお正月

時代は飛んで現代。正月の豊川稲荷は百万人を超える参拝客で賑わいをみせる。周辺の駐車場はどこも満車となり、本殿（大本殿）へと続く参道は身動きが取れない

図１　東海名所改正道中記　豊川 吒枳尼尊天（1875 年）　新田民世氏蔵
豊川市桜ヶ丘ミュージアム提供

図２　豊川閣祭典烟火之図（1890 年）
豊川市桜ヶ丘ミュージアム蔵

ほどの混雑ぶりだ。こうした初詣客がめざす大本殿は、高さ30m強、10階建てのビルにも相当する巨大建築で、遠くからでも目立つことこの上ない。皆、堂々たる堂宇に目をみはり、なおいっそう吒枳尼天をありがたく思う。

参詣名所として浮世絵に

そんな境内の賑わいはずっと昔から。なんと浮世絵にもなっている。江戸の風儀を残す明治の初め、三代歌川広重が描いたそれを見てみよう（図1）。画面の左奥、賑やかな参道の向こうに見えるのが本殿だが、現在の様子とずいぶん違う。どうしてこのような違いが生じてしまったのか。絵師が間違えてしまったのだろうか。いや、実はそうではない。現在の壮大な大本殿は、1930年（昭和5）に完成したもので、浮世絵が描いているのは旧本殿なのである。

となると、気になるのは旧本殿の建物だ。建て替え後は、いったいどうなってしまったのか。答えを明かすと、旧本殿の堂舎は、境内奥へと移されて、今も「奥の院」としてちゃんと残っている。

旧本殿と移築後の奥の院、二つの写真を見比べてみれば一目瞭然だ（図3・4）。向拝（正面の階段の上に張り出す屋根）に唐破風（弓形に持ち上げた軒先）が取り付く外観は、誰がどう見ても同じ建物で間違いない。そう思ってもう一度浮世絵を見てみよう。手前の廻廊門に遮られてはいるものの、在りし日の旧本殿の姿を窺わせるには十分といえるだろう。

そんなことを知ってから奥の院を訪ねると、また違った感慨が催される。浮世絵の世界にタイムスリップしたような、よりリアルな歴史の世界に触れることができたような気になるのである。

図3　絵葉書「豊川稲荷 本殿」
豊川市桜ヶ丘ミュージアム蔵

移築前の旧本殿。桁行3間・梁間2間で、屋根は入母屋造、向拝（庇）に唐破風が取り付くいわゆる軒唐破風を備え、両側の縁には高欄を廻らす。目を凝らすと軒下には優れた彫刻も見て取れる。名匠二代立川和四郎（富昌）の傑作といわれる彫り物だ。宛名面の型式から、この絵葉書は1918年～1929年の製品であると推定される。

図4　絵葉書「豊川稲荷 奥ノ院」
豊川市桜ヶ丘ミュージアム蔵

大本殿の新築にともなって境内奥に移築された旧本殿の堂舎。奥の院として第二の人生を踏み出すこととなった。宛名面の型式から、この絵葉書は1930年～1933年の製品であると推定される。

なお、ドミノ倒しと同様、もう一段古い奥の院はここから少し移されて、景雲門（奥の院の参詣門）へと姿を変えた。

東海道と一里塚

【豊橋市・岡崎市・知立市・豊明市・名古屋市】

文／伊藤厚史

「門松は冥土の旅の一里塚めでたくもありめでたくもなし」（一休宗純禅師『狂雲集』）

正月に飾った2対の門松を一里塚にみたてて詠んだものである。

徳川家康は、1601年（慶長6）に五街道整備と宿を制定した。東海道は、そのうちの一街道であるが、すでに古代に設けられた五畿七道駅路の一つで、古代東海道は畿内から常陸国国府に至る道であった。中世になると、鎌倉幕府の政庁が鎌倉にあったことから、東海道が鎌倉と朝廷の所在地京を結ぶ重要な街道として「鎌倉街道」と呼ばれた。そのルートは古代東海道より内陸よりを通る場合が多く、また箱根峠越えや関ヶ原ルートが開発されるなど古代東海道とは異なるルートとなっていた。河川の河口部を避け、山沿いの旅程の読める安定したルートが好まれたのであろう。近世中山道につながる萌芽が生まれていた。

近世東海道は、江戸・日本橋から京・三条大橋に至り、宿は五三カ所で東海道五十三次と呼ばれる。1603年に松並木や一里塚が整備された。一里塚は、およそ一里ごとに街道の脇に設けられた土の塚である。ただし、箱根の畑宿一里塚は、石を積み上げていたことが発掘調査で明らかとなった。東海道では、112カ所が知られている。うち、三河国では、14カ所、尾張国では4カ所である。現在では、5カ所に残っている。

七一里　一里山一里塚

豊橋市東細谷町字一里山43－2

大平一里塚
『愛知縣史蹟名勝天然紀念物調査報告』

一里山一里塚
豊橋市東細谷町

大平一里塚
岡崎市大平町

に所在し、京に向かって右側の塚が残る。遠江国との境付近は、丘陵上を二川宿に向かう。人家は少なく、雑木林、松林がつづき荒涼とした地であったことから、江戸時代には「化けもの塚」と呼ばれていた。大正時代に左側が失われた。東西11ｍ、南北14ｍ、高さ３ｍ。１９７５年、市の指定史跡になっている。

八〇里　大平一里塚

岡崎市大平町岡田42に所在し、京に向かって左手が残る。国道１号線の旧道となったため、静かな街のなかにたたずんでいる。岡崎名物「花火ねりこみ唄」に「人の見上げる一里塚」と歌われている。７・３×８・５ｍ、高さ２・５ｍ。１９２８年年道路改修により右側が壊された。榎の大木は１９５３年の台風で倒木し、新たに植えられたものである。１９３７年に国の指定史跡となっている。

八四里　来迎寺一里塚

知立市来迎寺町古城24―１、足軽34に所在する。右側の塚は、道から約７ｍ離れた所に築かれている。約10ｍ×９ｍ、高さ約３・５ｍ。松が植えられていた。１９６１年愛知県指定史跡、１９９６年に追加指定された。

八六里　阿野一里塚

豊明市阿野町池下１１４に所在する。旧道に二基残る。ここより西は丘陵地になる。左側の塚は約８×８ｍ、高さ約２ｍ。１９３６年に国指定史跡になっている。

八八里　笠寺一里塚

名古屋市南区白雲町75に所在する。大正時代に左側が売却されて失われた。直径約10ｍ、高さ約３ｍ。榎の大木が歴史を感じさせる。秋にはヒガンバナが塚を覆う。

阿野一里塚
『愛知縣史蹟名勝天然紀念物調査報告』

笠寺一里塚
名古屋市南区白雲町

来迎寺一里塚
知立市来迎寺町

木曽川鵜飼　伝統漁から観光事業へ【犬山市】

文／川本真弓

木曽川鵜飼の断絶

犬山の鵜飼がいつから始まったものなのかは判明していないが、江戸時代に尾張藩初代藩主義直が犬山で鵜飼を上覧したとの記録があることから400年以上は経過しているようだ。木曽川中流域では鮎や鱒、ウナギなどがよく獲れ、鵜匠らは犬山城主成瀬家の管理と保護のもと生活していたと思われる。しかし、日蓮宗に帰依した6代城主成瀬正典の時代に木曽川での殺生が禁止され、1771年（明和8）には断絶してしまう。

鵜飼鎌次郎による鵜飼の再興

1900年（明治33）、犬山の住人鵜飼鎌次郎は伝統漁である鵜飼の廃絶を惜しみ、鵜飼を再興させ独力で漁業を経営した。伝統的に、鵜匠は濃紺の漁服を着て、かがり火からはねる火の粉を避けるため、帽子をかぶり、胸当てを垂らす。腰には水除けの腰蓑を巻いている。そして、一人につき最大12羽の鵜を操るのである。

1917年（大正6）、日本ラインの名づけ親である志賀重昂から鎌次郎宛てに送られた手紙が残されている。内容は、犬山での鎌次郎の歓待に対するお礼と、犬山を紹介するときに使っている犬山の絵葉書を使いきったため、追加で絵葉書の送付を依頼するというものだ。この手紙から、1913年に志賀が初めて犬山を訪れて以来、鎌次郎と志賀の間には継続的な付き合いがあり、志賀自身も各地で日本ラインと犬山を紹介しつ

志賀重昂の手紙 (1927 年)

初代鵜飼鎌次郎

＊本項の図版で出典のないものはすべて犬山市文化史料館蔵

づけていたことがうかがえる。鎌次郎は木曽川が観光名所として知られるようになってからは土産物の開発や遊覧船事業、木曽川保勝会の設立など、精力的に新たな事業に着手していたようだ。

漁業から観光事業へ

もともとは漁業としておこなわれていた鵜飼もダムや橋ができたことによって成り立たなくなり、観光ブームの到来によって観光業的側面が強くなる。鵜匠らは時には鵜を連れて宿泊施設などに出張実演をおこなうこともあった。1928年（昭和3）に発行された『日本ライン御案内』には、「シーズンは六月一日から九月一ぱい、毎夜四五艘の鵜舟をとりまいた遊舟の橙や花火がまるで絵のやう」と謳っている。犬山芸妓連が鵜柄の着物で「犬山音頭」を踊ったことからも、鵜飼はライン下りとともに木曽川観光の目玉であった。また、水面下でせわしなく魚を獲り働く鵜は人と協働する愛らしい生き物であり、広告や旅館の食器などにも描かれる人気のモチーフであった。しかし、鵜飼は観光業としても個人経営ではたちゆかなくなったため、1964年以降は犬山市の市営事業となり現在に続いている。

余談だが、犬山橋は1925年に架橋されて以来、鉄道と自動車が並走する橋という特徴が珍しく、ある種の名所として一部の界隈に大変人気のある橋であった。その後、2000年に旧犬山橋の隣に自動車用の橋が架けられたことで新しい橋には「ツインブリッジ」という愛称がつけられた。このツインブリッジは、橋桁の横から眺めたときに鵜舟や渡し船をイメージするデザインになっているという。

昭和初期の鵜飼の様子

彩雲閣御案内の表紙（1927年）
名古屋鉄道蔵

木曽川の御囲堤を彩るサクラは尾張の春の風物詩

【一宮市・江南市】

文／加美秀樹

木曽川堤のサクラの起源

「木曽川堤（サクラ）」は、「現存ノ樹数千余ニ達シ花時盛観ヲ呈ス比類ノ櫻ヲ多数列植セル名勝トシテ全国唯一トイフベシ。」として、１９２７年（昭和2）に国の名勝及び天然記念物に指定された。木曽川左岸堤防上、上流側は江南市草井町から下流側の一宮市北方町まで、約9㎞の堤防と植栽されたサクラの並木がそれに該当する。ヒガンザクラ、シダレザクラ、ヤマザクラの3種約１８００本は、「花色ノ紅白花形ノ大小種々アリテ自ラ変化ニ富メリ」と謳われた。

このサクラの起源は、１８８５年（明治18）に遡る。前年7月に起きた木曽川の洪水で堤防が決壊し、再建に際して愛知県知事・勝間田稔の提言から、地元有志によるサクラ苗木の寄付を得て植樹したことに始まる。89年に１８７１本の植樹事業が完了する。91年の濃尾地震による堤防崩壊で多く木が倒れ、その後も幾度もの補植を重ねて次第にサクラ並木としての景観が整った。

現在国の名勝及び天然記念物として指定されているサクラは9カ所、木曽川堤を含むサクラ並木としての指定はわずか6カ所だ。木曽川堤（サクラ）にはソメイヨシノは含まず、他のサクラの名所とは違った古風な趣を感じさせる。

家康が築いた御囲堤

サクラ並木の続く木曽川左岸堤防は、江戸時代より御囲堤（おかこいつつみ）と呼ばれ、徳川家康によって尾張国を囲

木曽川堤のサクラ（絵葉書）
一宮市博物館提供

い込むように築かれたものだ。その原型を遡れば、１５８６年（天正14）の大洪水で木曽川の流路が大きく変わり、１５９４年（文禄3）に豊臣秀吉が豊臣秀次所領の尾張の洪水対策に加え、川の流路と水量を安定させる水運整備を目的に築堤したものといわれる。秀吉が没し、関ヶ原の戦い後に家康は9男の義直を初代尾張藩主とする。大阪城に残る豊臣秀頼と豊臣恩顧の西方大名を牽制する軍事目的で、清洲越による名古屋城下の整備とともに尾張の防衛を強化する一環として、伊奈備前守忠次の指揮の下、１６０８年（慶長13）に築堤着工、翌年には完成をみる。堤防の高さは9～14m半ほどで、その長さは犬山市から弥富市までの約47kmにも及ぶ。

往時のサクラ並木を目指して

１９９９年の調査記録では、一宮市で４１７本、江南市で２４７本にまで減少。要因としては、衰弱や立ち枯れによる寿命、台風などの自然災害、道路拡幅による伐採、架線による火災など。往時のサクラ並木の景観を取り戻すべく、一宮市は96年に堤防上のサクラ20本から1万粒を採取播種。翌年より4カ年育成した苗木から５４３本を、01年の市制80周年記念に「二世サクラ」として植樹している。

今や樹齢が１４０年になるものもあるサクラだが、開花時期の3～4月には木曽川堤さくら祭りも開催され、人々が花見に繰り出す。一宮在住の私も季節になると木曽川堤へ花見に出かけるが、春の日差しを浴びて輝く花に加え、日没後の街路灯に浮かび上がる姿もまた格別。中でも、花の散り際に堤防道を車で走りながら浴びるサクラ吹雪には、幻想的な美しさがありいつも心震える感動を覚える。

堤防を覆うようにサクラが咲く木曽川堤
一宮市観光協会提供

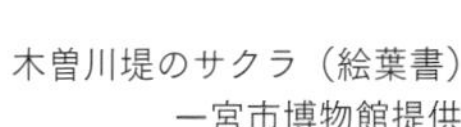

木曽川堤のサクラ（絵葉書）
一宮市博物館提供

望洲楼の１００畳の大広間 【半田市】

文／村瀬良太

吉田初三郎も描いた大広間

図1は鳥瞰図絵師の吉田初三郎の手になる料亭望洲楼の鳥瞰図である。

望洲楼は江戸後期に亀崎で創業し、月の名所として広く知られた料亭で、福沢諭吉や西郷従道など多数の名士が訪れている。１８８７年（明治20）の陸海軍演習の折には、行幸中の明治天皇に食事を供した。

また、急峻な丘に沿って迷路のように展開する数寄屋造りの座敷も魅力で、現在でも独特の雰囲気を保っている。

もう一度鳥瞰図に目を戻すと、丘の頂上あたりに、渡り廊下の接続した入母屋屋根の大きな建物があることがわかる。これは１９３４年（昭和9）に竣工した１００畳の大広間で、鳥瞰図の掲載されたパンフレットでも大々的に紹介されている。

ただ、この大広間は、１９４５年の東南海地震で倒壊して現存しない。

大広間と常盤館と向陽館

大広間建設については望洲楼に詳細な記録が残されている。それによると、１９３３年3月10日に建設の方針が決まったという。興味深いのが、その前日に当主の成田新左衛門（七代目）と大工の伊串俊一が、蒲郡の常盤館と名古屋の向陽館を視察に訪れている。

常盤館とは、１９１２年に開業した現在の蒲郡クラシックホテルの前身となる料理旅館で、１９２

吉田初三郎『月の名所 亀崎望州楼』の原画　望洲楼蔵

8年に入母屋屋根2階建ての100畳の大宴会場が、竹島の景色が楽しめるよう急峻な斜面に建てられた。

また向陽館は、名古屋の覚王山付近にあった高級料亭で、こちらも100畳の大広間が1930年に建てられた。

望洲楼には、記録と共に常盤館と向陽館の絵葉書が残されていて、それぞれを比較すると、類似性と共に若干の変更点が見られて面白い。

例えば畳の向きは、上座の老松の描かれた舞台に垂直に畳を敷く向陽館に比べて、常盤館と望洲楼は舞台と水平に敷かれている。これは絶景の広がる窓側へ視線を誘うのにも一役買っている。

また天井は三者とも折り上げ格天井だが、板目を見せる向陽館や望洲楼に比べて、常盤館は屋久杉に豪華な絵が施されている。常盤館は他にも支輪の極彩色の絵や戸板に御簾が架けられるなど装飾性が高い。

いずれの大広間も、昭和初期から流行した観光ブームに乗って、多くの客を楽しませた。

倒壊した大広間

望洲楼には、東南海地震で倒壊した大広間の写真も残されている。壊れた姿から推測するに、小屋組は和小屋だったのだろう。

空襲で焼失した向陽館の小屋組は調べる術がないが、一方の常盤館の大宴会場は難を逃れているので、あるいはトラス構造だったのかもしれない。その常盤館も1982年に取り壊されている。

望洲楼の大広間は遠望を除き外観の写真がこれしか残されていない。しかし瓦礫の山を撮影した姿からは、言いようのない無念さが滲み出ている。

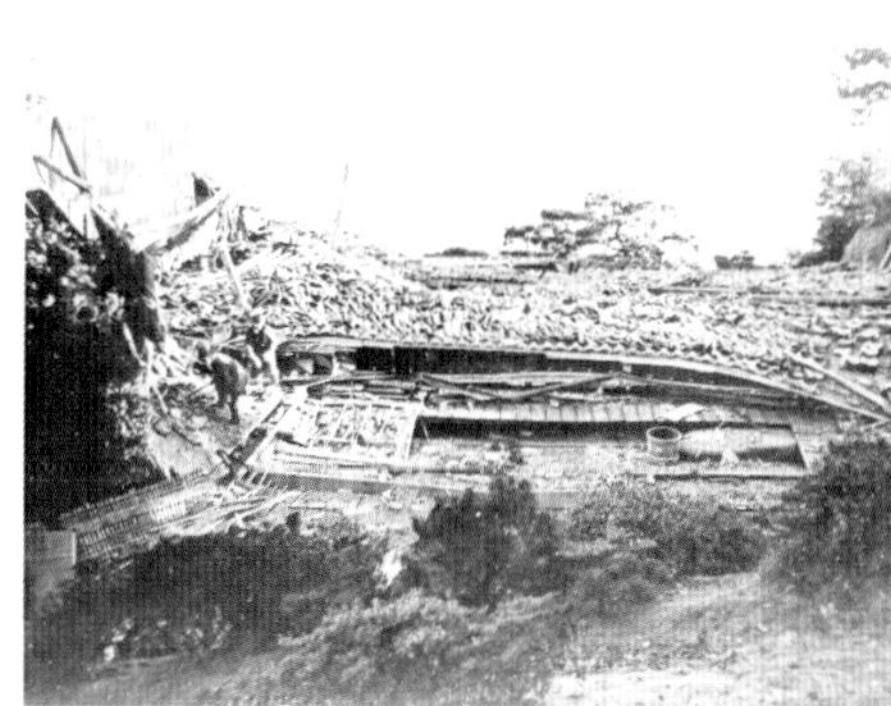

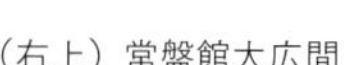

（右上）常盤館大広間

（右下）望洲楼大広間

（上）昭和東南海地震で倒壊した望洲楼百畳の間

愛知県で最も古い灯台　野間灯台

【知多郡美浜町】

文／永田 孝

伊勢湾の安全を守る航路標識

野間灯台（正式名称は野間埼灯台）は、愛知県美浜町小野浦の海岸にある。近代的な灯台が建てられる以前の時代は、海辺に建てられた常夜灯が、航行の目印であった。灯台の近くの冨具神社は、『尾張名所図会』にも描かれており、鳥居の前には常夜灯が描かれている。このことからも、昔からこの付近が航路として目印であったことが伺われる。また、北西の風や湾内を北上する風で海が荒れ、船舶の難破も多い所であった。

野間灯台は、愛知県最古の近代的な灯台で、常夜灯の代わりに明かりが灯されたのは、１９２１年（大正10）のこと。前年に名古屋港の第2期工事も完了し、付近を航行する船舶の増加が見込まれる時代であった。四日市港と名古屋港に入出港する際、船の方向を変える場所であったことから、安全の確保から、ここに灯台が建つことは不可欠であった。

観光名所・シンボルとして

野間は、明治時代後期から学生の遠泳訓練の場として栄え、その後は野間大坊という魅力的なスポットもあったため、風光明媚な海岸を求めて、家族連れでも賑わった。そこに当時では珍しい灯台が加わったことは、野間への観光客を集めることにつながり、昭和初期には地域のランドマークとして人々に愛されるものとなった。

戦時中は、観光どころではなかったが、戦後の食糧難の時代を

冨具神社の図　丸印辺りが灯台の位置
『尾張名所図会』前編巻６知多郡（1880年）　国立国会図書館デジタルコレクション

現在の野間灯台

経て、平和な時代になると、再び大勢の観光客が野間にやってくるようになった。そして河和町と野間町が合併し、美浜町が誕生した1955年（昭和30）以来、野間灯台は美浜町のシンボルとして存在し続けている。

無筋コンクリート造り

このように建設以降、人を集め町のシンボルとなってきたが、この灯台に鉄筋が入っていないと分かったのは1983年（昭和58）のこと。翌年に無人化されるため、その前におこなわれた調査で判明した。鉄筋が無いので、中で錆びた鉄が膨張し、コンクリートにひびが入ることはない。このことは、海の近いこの地で、倒壊することなく現在に至ることにつながったのかもしれない。ただ、十分な強度を確保するため、高い塔を支える壁の厚さは最下部で55㎝もあり、そのため灯台内部に設置された螺旋階段は、たいへん狭く、昇降しづらいものになっている。

変わりゆく灯台周辺

時代が平成に入ると、灯台のフェンスに南京錠がたくさん掛けられ、「恋人の聖地」として取り上げられたり、近くの小野浦海岸には、製塩施設を持つ「食と健康の館」もオープンしたりして、ドライブ客の訪問を促している。

また、灯台守が去った1984年以降、観光客が灯台を登ることはできなくなっていたが、地元の有志からなる「美浜まちラボ」が主体となって、定期的に一般公開をおこなっており、美浜町観光の一助となっている。

特に近年、灯台周辺では飲食施設や宿泊施設の開発が甚だしい。今後も観光地として、周辺の様子は変化していくことだろう。

製塩施設（食と健康の館）

海水から造った塩

一般公開で塔に上がった人たち

塔内部の螺旋階段（最上部）

海と陸をつなぐ玄関口としての伊良湖港【田原市】

文／天野敏規

伊良湖港の完成

現在、伊良湖港といえば田原市における海の玄関口として知られている。そんな伊良湖港が完成したのは、意外にも1964年（昭和39）3月である。それまでに海の玄関口として重要な役割を果たしていたのは、福江港であった。明治時代には、柳田國男や田山花袋が利用し、大正・昭和の初めには活況を呈していた福江港にかわって海上交通の拠点となったのが伊良湖港である。

伊良湖港周辺は、戦前・戦時中と陸軍の試砲場の用地であったが、戦後に開放された。伊良湖岬周辺の太平洋側には、かつて整備された港が無く、昔から海が荒れると船がよく難破した。このため、1948年に国の補助事業として県営で避難港としての建設が開始され、16年の歳月をかけて伊良湖港は完成した。

伊勢湾・名鉄フェリーの開業

フェリー開業に先立ち1962年には、名古屋―伊良湖、伊良湖―篠島―西浦に水中翼船が就航し、1968年には河和―伊良湖航路も開設された。また、1969年には、ホバークラフトが就航した。これらの船への乗船は、当時の大人や子どもにとっての憧れとなった。しかしながら両船の運航が会社経営を圧迫し廃止されると、代わりに1979年に高速船が就航した。伊良湖港周辺には、恋路ヶ浜、日出（ひい）の石門（せきもん）、伊良湖岬灯台などの景勝地や海水浴場などの観光

造成中の伊良湖港（昭和30年代後半）　個人蔵

水中翼船の航行（昭和40年代）
田原市博物館蔵

伊勢湾フェリーの就航（1964年）
個人蔵

施設や宿泊施設も整い多くの観光客が訪れるようになった。

1964年、現在も運行される伊勢湾フェリー（鳥羽―伊良湖）が就航し、海の国道として伊勢志摩方面とつながることとなった。

また、1969年には、伊良湖―師崎間に名鉄フェリーが就航した。これによりフェリーと高速船で三河湾の島々と知多、伊良湖を結び、伊勢志摩とより広域的な観光圏を形成することとなった。さらには、名古屋―知多―伊良湖―豊橋―名古屋と陸と海とが環状で結ばれることになったが、名鉄フェリーは、利用者の減少等により2014年に廃止された。

港湾観光センターから道の駅へ

1970年、港造成地に伊良湖港湾観光センターがオープンした。この施設の1階には、待合所、出改札所、食堂、売店、事務所があり、2階には、当時画期的な渥美の文化や歴史を紹介する伊良湖自然科学博物館があった。この博物館には、船に関する資料、半島に生育する昆虫、保美貝塚や東大寺瓦窯跡などの出土品、昭和40年代前半までの衣食住の変遷がわかる民具などが常設展示され、また様々な企画展示会もおこなわれるなど、積極的な活動を展開していた。1994年、老朽化により施設は、伊良湖旅客ターミナル（伊良湖クリスタルポルト、後に道の駅に登録）として生まれ変わり、その1階には、やしの実博物館、2階が売店、乗船券等の発売所、3階がレストラン、多目的ホールとなった。伊良湖港は、この施設の完成をもって海の玄関口としての機能を備えたといえる。

2023年には、新たに「道の駅伊良湖クリスタルポルト」としてリニューアルオープンしている。

伊良湖港湾観光センター（1972年）
田原市博物館蔵

港湾観光センター内にあった伊良湖自然科学博物館（1970年）　個人蔵

不変のシンボル　犬山城のある風景【犬山市】

文／川本真弓

川岸上に立つ古城

雄大な木曽川の中流にそびえる犬山城は、標高約85ｍの小高い城山に建ち、風光明媚な景色が江戸時代に発行された『尾張名所図会』にも紹介されるなど親しまれてきた。また、同時代の儒学者荻生徂徠によって、李白の漢詩『早発白帝城』にちなみ「白帝城」と名付けられた。川岸に建つ古城の佇まいは、１８７９年（明治12）頃に砂防工事の技師として来日したオランダ人デレーケや、１９１３年（大正2）に犬山を訪れた地理学者志賀重昂にドイツのライン川の風景を想起させたように、しばしば海外の名所に例えられた。こうして木曽川に「日本ライン」という別名が付けられたが、このように日本の風景を外国の名所に例える風潮には賛否両論あったようで、地元住民が地域ブランド化した「日本ライン」に沸き立つ中、犬山人士の一部からは犬山の観光開発を奨励しつつも、「日本ライン」はあくまで愛称であり、木曽川の一部であるとする慎重な発言が見られた。

廃城の運命から一転、個人所有へ

１８７３年、維新政府の管轄となった犬山城は廃城と決められ門や櫓は売却されていったが、旧犬山城郭と天守、城山の山林は名勝として「稲置（いなぎ）公園」となり、稲置村（現・犬山市）が愛知県から維持管理を任される形で保存されることになった。しかし、１８９４年10月28日にマグニチュード8を

明治元年の犬山城　「尾北名勝風俗図譜」（1938年）

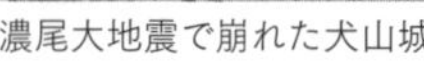

濃尾大地震で崩れた犬山城

＊本項の図版はすべて犬山市文化史料館蔵

超える濃尾大地震が発生し、美濃・尾張地方は甚大な被害を受け、犬山城郭も石垣は崩落し、天守の西側が損壊、東南隅の付櫓は全壊したのであった。そこで犬山町は天守を修理するため寄付金を募ったところ、誰もが被災者であった中、旧犬山城主の成瀬氏や地域の有力者だけでなく、地域住民の多くから寄付金が集まったのである。こうした状況を踏まえ、1894年に愛知県議会は稲置公園を成瀬氏に無償譲渡することを決定し、犬山の旧藩士や地元の住人らの犬山城への強い想いが全国で唯一の個人所有となる「犬山城」*を成立させたのだ。

上書きされた「日本ライン」

観光客の誘致をはかる上で地域ブランド化した「日本ライン」は、木曽川中流域における絶好の観光宣材として観光開発の中心を担うことになった。特に犬山城は日本ラインを象徴するランドマークであり、昭和初期に名古屋鉄道や犬山町が発行した観光パンフレットや書籍の表紙を見ると、そこには右手に犬山城、中央奥に犬山橋、木曽川には鵜飼船や遊覧船が浮かぶ構図が多く描かれている。日本ラインの見所を凝縮し、一目で日本ラインだとわかる優れた構図だが、実は名づけ親である志賀がライン川に見立てた上流からの風景とは反対側の、下流から眺めた光景になっている。この頃、犬山町としては美濃太田や可児から出航するライン下りよりも犬山から出航するライン上りを推奨したことも関係しているのかもしれない。特定の名所を形成する景色が、変化する町並みや観光開発の事情によって上書きされていくこともまた興味深い事象である。

日本ライン御案内のチラシ

上流から見た犬山城と夕暮れ富士（伊木山）

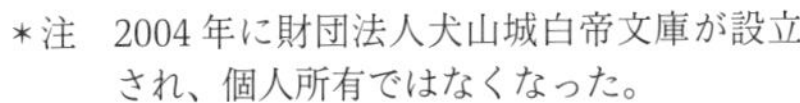
＊注　2004年に財団法人犬山城白帝文庫が設立され、個人所有ではなくなった。

名城・名古屋城の見どころ【名古屋市】

文／伊藤厚史

名古屋十名所之一

名古屋十名所は、1925年（大正14）に新愛知新聞社が新聞紙上でおこなった十名所の募集の上位10カ所である。名古屋城は、第9位に選ばれている。第1位は天理教教務支庁、第2位は正木町闇（くらがり）の森（もり）と、今ではあまり投票しないような名所がいくつも含まれており、百年前の嗜好なのか、信者が熱心に投票したのか興味深い。

さて名古屋城は、「尾張名古屋は城でもつ」とうたわれるように、百年経っても名古屋観光の人気スポットであることは疑いない。今投票すれば熱田神宮とともに上位にランクされるであろう。名古屋城が名所である所以は、五層大天守の巨大で圧倒される外観の壮麗さや燦然と輝く金鯱であろう。天守閣を背景に記念写真が撮れれば旅の思い出の一枚となる。

幸い名古屋城には、焼失を免れた御深井丸（おふけまる）の西北隅櫓はじめ、本丸の東南隅櫓、西南隅櫓が現存している。こうした櫓の公開により、木造建造物をまじかに見ることができる。なかでも三層西北隅櫓は、現存する他の木造天守閣にひけをとらない巨大な櫓であることは、もっと知られてよい。

御深井丸と西北隅櫓

西北隅櫓は、広大な水を湛えた外堀を前にして御深井丸の西北隅に建てられた。豊臣方が尾張へ侵攻してきた際、対峙する徳川方（名古屋城）としては正面となる。豊臣方は、西北隅櫓の背面に大天

名古屋城天守閣

名古屋十大名所之一の碑
笠寺観音
名古屋市南区笠寺町

西北隅櫓

守がそびえている姿を見ながら攻略の策を練ることになったであろう。戦意喪失を狙った、こうした情景と巨大隅櫓を見学することで、名古屋城の築城された意図を理解したい。本丸不明門(あかずのもん)北の橋台先には、弓矢櫓があった。塩庫(しおこ)桝形の東には塩庫構を経て本丸搦手(からめて)馬出(うまだし)に通じていた。御深井丸の南は、鵜の首と呼ばれる細長い外堀で区画され、土塁が大手内桝形に造られているのも見逃せない。

　大天守と小天守の連結プランでは、四度も計画が練りなおされたことが知られている。近年の発掘調査で、御深井丸へつながる橋台や小天守の痕跡と考えられる石列が内堀で発見された。天守西面石垣中に橋台に出る入口の痕跡（宝暦の石垣積み直し後もそのまま復元された）とともに本丸の先鋒となる御深井丸との深い関連がしのばれる。

別名蓬左城・亀尾城の意味

　さて、名古屋城は、別名蓬左(ほうさ)城、亀尾城、鶴ケ城、金城、姑爺(こや)城と呼ばれていた。

　蓬左城は、熱田台地を古く蓬莱(ほうらい)島と呼んでいたことがあり、名古屋がその左にあたっているので蓬左と呼び、城を蓬左城と称した。

　蓬莱とは、古代中国で東の海上（海中）にある仙人が住んでいた場所と考えられていた。

　地下深くに亀が住んで蓬莱島（熱田台地）を支えていると信じられており、亀の頭が熱田の下に、尻尾が名古屋城の下に位置した。そのため、熱田神宮神宮寺の山号は亀頭山、名古屋城は亀尾城と呼ばれたわけである。

　このように熱田神宮とともに名古屋城は、不老不死の地に建てられたありがたい名所なのである。

天守閣石垣西面

御深井丸大手桝形

本丸表二之門

桜の名所になった刈谷城跡【刈谷市】

文／長澤慎二

明治維新で廃城に

刈谷城は江戸時代を通して刈谷藩の藩庁として機能したが、1871年（明治4）の廃藩置県により明治政府の所有となりその役割を終えた。政府は、旧城郭が士族らの反乱拠点になることを恐れ解体を進めていくが、刈谷城の場合も同様であった。旧城郭の外にあった門・番所から取り壊しが始められ、1873年12月には城内にある門や石垣、さらに一部の建物が入札にかけられている。

門や建物を失い、堀と空き地のみになった旧城郭であるが、本丸・二の丸と三の丸ではこの後異なる歴史を歩んでいく。藩主の御殿が建てられていた三の丸部分は学校敷地として政府から払い下げられた。教育制度の変遷に伴う校名変更を経て、現在は刈谷市立亀城小学校、同刈谷幼児園となっている。また、亀城小学校の旧本館は1980年に刈谷市郷土資料館となっている。

いっぽう本丸・二の丸部分には建物が建てられることはなかった。1896年に至り、旧藩主家の土井忠直が旧藩士の願いを受けて、払い下げ願を御料局名古屋支庁に提出、これが認められた。1912年（大正元）には一部を刈谷町へ売却、その他の敷地は旧藩士の大野介蔵へ売却された。大野は亀城殖産合名会社を組織し、旧城郭を長く保存することとした。元々北西の隅櫓があった場所に隠居所として「十朋亭」を建設した。この十朋亭は士族会の集会所を経て

愛知県設置の刈谷城址碑

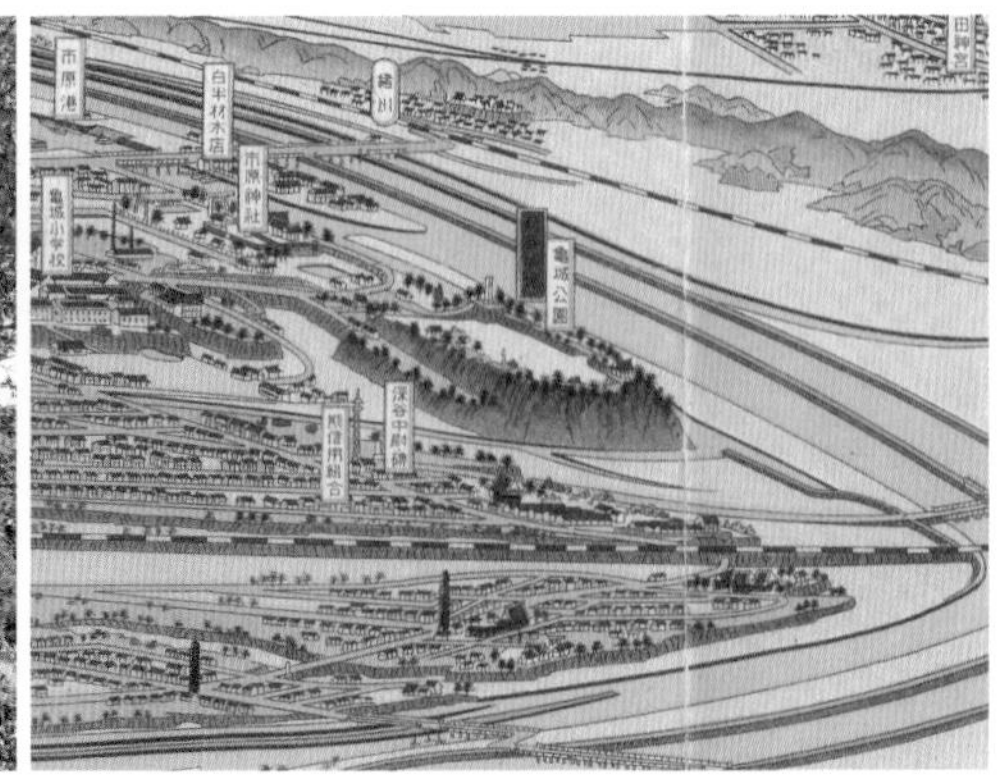
刈谷城周辺
吉田初三郎「愛知県刈谷町鳥瞰図」（1936年）
刈谷市歴史博物館蔵

刈谷市に寄贈され、「トヨタの大番頭」と呼ばれた石田退三の寄附によって改築がおこなわれ、現在も利用されている。

1936年（昭和11）には、刈谷町が本丸部分を買収、亀城公園と名づけ整備が進められた。しかし戦時下の色濃くなる中、高台にある立地は軍に利用され、対空陣地などが設けられた。

さまざまな城跡利用

戦後は公園整備が進められていく。公園南側には大野介蔵が中心となって建設した大野煉瓦工場があり、刈谷の工業都市としての発展の礎となったが、この跡地を利用し、運動場が建設され、現在は刈谷球場となっている。ここではプロ野球のオープン戦の他、高校野球県予選の主要会場となっており、野球ファンに愛されている。また1969年には公園の北側に刈谷市体育館が開設された。バスケットボールコートやテニスコート、卓球などいずれも国際基準に対応した地方都市としては最高クラスの施設であった。現在は柔剣道場も増築されている。

公園の中心となる本丸跡には先述の十朋亭の他、遊具や日本庭園が置かれた。堀跡を利用した池は1965年、子ども会により「城池」と「子亀池」と名づけられた。この他珍しいものとして禽舎があり、クジャクが飼育されている。

現在、亀城公園は「桜の名所」として市民に親しまれており、特に城池に面した桜は水面によく栄える。一方で城跡としての価値の見直しもおこなわれ、土塁などの発掘調査によって、土井家の家紋入りの瓦なども出土している。刈谷市の歴史を象徴する城址公園として櫓等の復元計画もあり、今後も変化を見せるものと思われる。

本丸乾櫓跡に建つ十朋亭

堀の名残

現在も禽舎で飼われているクジャク

絵葉書の中の岡崎城【岡崎市】

文／山口遥介

徳川家康出生の城・岡崎城

徳川家康出生の城として有名な岡崎城。実のところ家康が生まれた当時、そして城主であった時代の岡崎城の姿はあまりわかっていない。これは岡崎城が三河における重要な城郭として、発展的に改修されてきたことによるものであり、この歴史の重層性こそが岡崎城の本来的な魅力といえる。

城郭の終焉と近代化

1873年（明治6）に岡崎城の廃城が決定すると、翌年にかけて天守を含む城内の建物は急速に失われていった。天守の解体は領主支配が終焉したことを地域住民に意識させるのに十分だったに違いない。

1875年に旧本丸が公園となり、5年後には二の丸に愛知県公立病院岡崎支病院が設置されるなど、城跡は急速に近代化が進むとともに地域社会に開かれていった。こうした変化に対して当時の人々の心境はいかなるものであったのであろうか。

地域社会における岡崎城

公園内（旧本丸）には忠魂碑（1906年）、戦争記念碑（1898年）が建設され戦死者を追悼、顕彰する場となった一方で、徳川家康、本多忠勝を顕彰する岡崎三百年祭（1915年）が市街地を含め盛大におこなわれるなど、地域社会にとって城跡が過去の回顧や歴史意識を醸成する場へと変化していった様子がうかがえる。

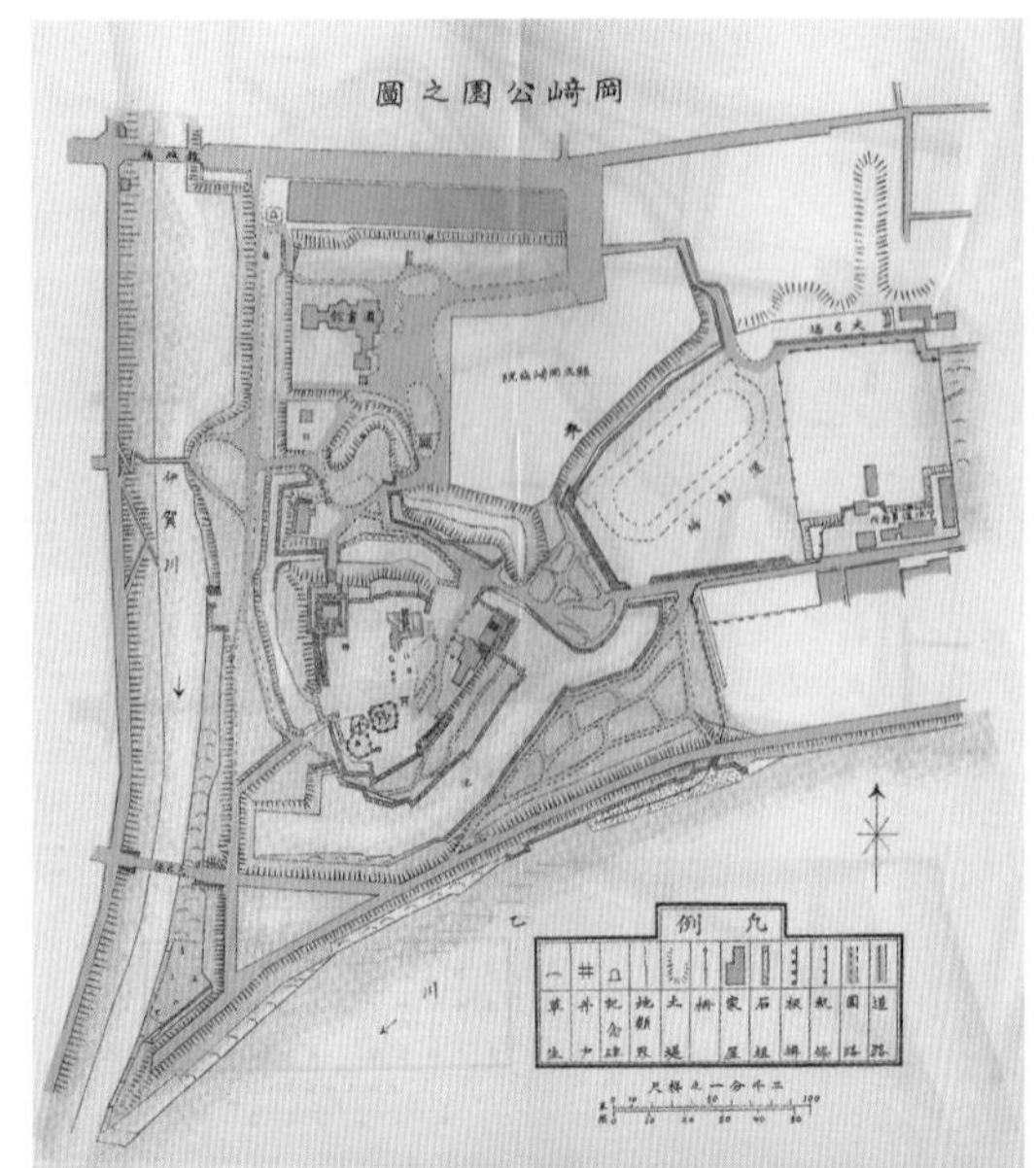

岡崎公園の図（昭和初期）
『岡崎市史』（1930年）

観光地としての岡崎城

観光地としての発展を知るには絵葉書がうってつけだ。絵葉書は当時の人たちに名所岡崎城を知らしめる役割を担った。岡崎城では本丸を南側から写した景観や家康産湯の井戸を写したものが多いが、天守台、龍城神社、巽閣などを写したものもあり、当時の売り出しポイントを知ることができる。

つくられた名所!?

絵葉書に写る被写体は一体いつから名所であったのであろうか。家康産湯の井戸は多くの絵葉書に登場し、今なお人気の名所だが、江戸時代に広く認識され神聖視されていたことを示す史料はない。明治時代の公園化に際して井戸周囲に玉垣や立札を整備することで新たな名所を生み出したのであろう。そして絵葉書は家康生誕地を印象付ける素材として産湯の井戸を盛んに取り上げた。名所の創出とともに、近代における家康顕彰の一端が垣間見える事例である。

お城ブーム

近代の「絵葉書ブーム」が家康産湯の井戸を名所たらしめ、戦後の「天守復興ブーム」が１９５９年（昭和34）の岡崎城天守の建設に一役買った。最近は「お城ブーム」と言われ城郭遺構に対する興味関心が高まっている。岡崎城でも石垣や堀が注目されるようになってきた。しかし、近代以降の城郭遺構の改変がたどれない場合も多い。今一度、近代以降の出来事を城郭史の中で捉え直す必要があろう。絵葉書は図らずも当時の城郭遺構を記録した写真資料として貴重である。そう、再び絵葉書に注目すべき時がきている。

解体前の天守
岡崎市教育委員会蔵

復興天守（絵葉書）
（昭和 34 年以降）

徳川家康産湯の井戸（絵葉書）
（大正７年～昭和８年）

城郭と軍隊の遺構が重なる吉田城址【豊橋市】

文／岩瀬彰利

吉田城の歴史

１５０５年（永正２）、牧野古白は豊川と朝倉川の合流点、馬見塚の岡に今橋城を築いた。今橋城は、戦乱のなか、吉田城と改称された。１５６４年（永禄７）になると松平（徳川）家康は吉田城を攻め、重臣の酒井忠次を城主として置いた。酒井家は25年間居城したが、１５９０年（天正18）の家康の関東移封に伴って忠次の子家次が下総国臼井城主となった。

その後、池田照（輝）政が15万2千石で城主となる。照政は、城の拡張と城下町の整備を行い、江戸時代の吉田城の基礎をつくった。しかし、関ヶ原の戦い後に姫路に転封となり、その後は代々譜代大名が吉田藩主となった。

明治以後は、豊橋藩庁・県庁が置かれたがよくわかっていない。１８８５年（明治18）頃に歩兵第十八聯隊が名古屋から移駐、戦争末期には各部隊の基地となった。

吉田城の縄張り

吉田城は、豊川と朝倉川を背後にして石垣で囲まれた本丸を置いた。その外側には土塁と堀で囲んだ半円郭の二の丸、さらにその外側にも土塁と堀で囲んだ三の丸を配した半輪郭式の縄張りであった。半輪郭式は「後堅固の城」といわれる希少な縄張りである。この主郭の外側には総堀をめぐらし、南側中央に大手門を置き、内側は武家屋敷となっていた。城域は、東西１４００m、南北７００mという大規模な城であった。

谷積みがみられる三の丸口門跡

豊川から吉田城を望む（明治初年）　豊橋市図書館提供

屈曲して入城する三の丸口門
「三州吉田城図」豊橋市図書館蔵より抜粋

明治期の軍による改変

歩兵第十八聯隊の移駐に伴い、二の丸の土塁や堀のほとんどは均されて司令部や兵舎などが整備され、三の丸の堀は埋め立てられた。東側の武家屋敷群は取り壊されて、練兵場として整備された。

石垣は築き直された箇所が多い。本丸の南御多門の石垣は斜めに積み直されている。三の丸口門は営門（正門）となったが、左右の石垣の積み方が明治に主流の谷積み（落積み）に改変されている。江戸時代では、大手から屈曲して入る構造であったことから、門幅の拡張や若干の位置移動が考えられる。このほか、東側の川毛門は埋められ、つくり直されて練兵場への出入口となった。

江戸と明治が混在する遺構

戦後になると、旧歩兵第十八聯隊の建物には、市役所や学校などが入り使用した。しかし、1954年（昭和29）の豊橋産業大博覧会やその後の動物園整備などで軍建物は撤去されていった。また、城の西側は市役所庁舎、中学校、国道1号線、専門学校の建設によって壊された。

現在遺っている遺構としては本丸（石垣・空堀）、二の丸・三の丸（土塁・空堀の一部）、櫓跡、水門、総堀土塁の一部である。特に復興された鉄櫓（くろがねやぐら）の石垣は、発掘調査で池田照政時代のものと判明しており、吉田城の石垣では最も古い。

これに対して軍隊の遺構では、営門跡、歩哨舎、薬庫、灰捨場、貯水槽跡などがある。

吉田城址は、城と軍、江戸と明治が混在する遺跡であり、現在は豊橋公園として市民の憩いの場となっている。

弾薬庫

歩哨舎

（上）本丸南御多門「御本丸二之御丸略絵図」豊橋市図書館蔵より抜粋
（下）赤線部分の現在の石垣

桃太郎伝説を木曽川の名所へ【犬山市】

文／川本真弓

桃太郎伝説発祥地説

犬山の城東栗栖（くりす）地区には、現在、彫刻家浅野祥雲が作ったことで知られる桃太郎一行のコンクリート塑像が参拝者を出迎える桃太郎神社がある。浅野祥雲のコンクリート像は、二代宮司が日進市の五色園で見た同氏の像を気に入り、犬山にも建てられたものだという。境内に点在する桃太郎とそのお供の動物たちや優しい鬼の像は、見る者を思わず笑顔にさせる魅力がある人気スポットである。

桃太郎神社が創建されたのは1930年（昭和5）のことで、もともと桃山にあった小さな祠に子供の守り神として祀られていた石を移動し、桃太郎神社を創建することになったのである。創建に深く関わったのは鳥瞰図絵師として有名だった吉田初三郎で、犬山の栗栖地区から対岸の岐阜県坂祝（さかほぎ）村（現・坂祝町）にかけて、犬山町側には、犬返り、雉ヶ棚、猿座岩、鬼ヶ島、坂祝村側には、取組、勝山、宝積寺といった桃太郎伝説に関連する地名が多く存在することや、集落が山と山に挟まれた川沿いの小盆地を形成していることに目をつけ、1929年に桃太郎伝説の発祥地が犬山であることを「桃太郎発祥伝説地に関する一考察」にて発表した。そして、木曽川の新名所にするため、「日本一桃太郎会」を設立して多額の私財を投じて力を入れた。このことは日本全国に衝撃を与えて注目を集め、各地からメディアや学者が犬山を訪れ、その妥当性についてさ

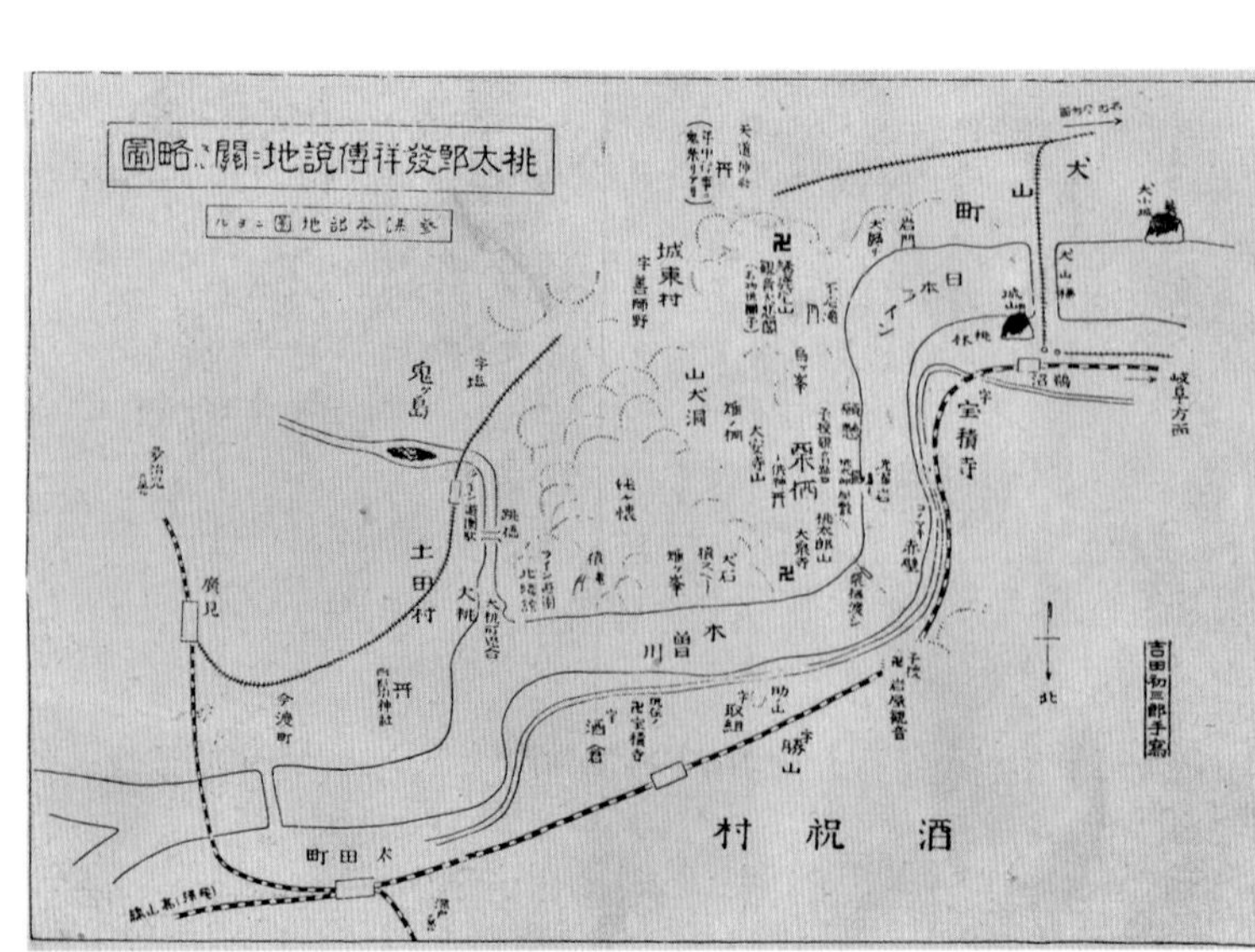

桃太郎発祥伝説地ニ関スル略図（1929年）

＊本項の図版はすべて犬山市文化史料館蔵

まざまな意見が交わされた。

日本一桃太郎会の役員たち

日本一桃太郎会は、犬山における桃太郎伝説地の保勝や研究、布教等を目的とした団体で、毎年5月5日と8月1日の2回、盛大な祭典を執り行った。会長を吉田初三郎が務め、幹事には栗栖地区の有力者を、顧問には初三郎の恩師鹿子木孟郎や、政治家の大隈信常、人類学者の鳥居龍蔵、童話作家の巌谷小波といった著名人が集った。

また、名古屋の青柳総本店の主人であった後藤利兵衛は、桃太郎神社に参拝した折にここに新たな名所をつくり出す活動に意気投合し、副会長としてすぐさま桃太郎屋敷と呼ばれる土地一帯の開発に着手し、演舞場、グラウンド、売店を整備し桃太郎公園とした。その時に建てられた吉田初三郎の題字が刻まれた石碑や巌谷小波の句碑などが今も残されている。

伝統となった桃太郎音頭

桃太郎神社を名所のひとつとするべく、日本一桃太郎会は野口雨情に作詞、藤井清水に作曲を依頼して『桃太郎音頭』を制作し、犬山芸妓連が桃太郎に登場するキャラクターに扮して各地で踊った。また、「日本一桃太郎会」の幟を掲げて各地で社会奉仕活動を行うなどといった努力によって、桃太郎発祥地としての犬山が、地方メディアにとどまらず、全国にその名を広めることとなった。

現在も毎年5月5日には桃太郎祭りが開催されており、かつて芸妓連が桃太郎一行に扮して踊った桃太郎音頭は栗栖小学校の生徒たちに引き継がれている。

桃太郎神社と桃太郎屋敷（1934年）

桃太郎音頭を踊る芸妓たち（1938年）

2018年の桃太郎神社

清洲公園の開設

【清須市】

文／宮川充史

明治以降に整備

江戸時代に美濃路の宿駅が設置されていた清洲は、中世から織田・豊臣政権時代には、尾張の中核都市であった。徳川義直入封後の「清須越」で清洲城は廃城となり、当時の城郭の趣はほとんど見られない。

現在、清洲城跡地は清洲公園・清洲古城公園として整備され観光地となっている。私たちは清洲城を織田信長の居城として抵抗なく受け入れている。この背景には明治時代以降の公園整備が関わっている。

1752年（宝暦2）に編纂が始まった『張州府志』では、清須は斯波氏についての記述の方が多く、歴代城主の中で信長の在城時期が触れられるにすぎない。『張州府志』やその後の『尾張志』では、清洲の項目を設けており、清洲への意識は高かったが、信長を特別意識したものではなかった。

1829年（文政12）には、清須のみを扱った『清洲志』が清須在住の武田載周によって編纂され、清洲城の跡地とする丘とそこに生える松と欅が描かれる。『清洲志』には織田系図も記され、『張州府志』よりも信長の記載が多くなる。1844年（天保15）、福井藩主・松平慶永の旅日記（東海紀行）には、清須の本陣林家で小休をした際、松が生い茂った清須城跡を見たことが記されている。

本陣林惣兵衛に小憩す、右に信長の城跡見ゆ、松繁く生た

「清洲城墟」
『尾張名所図会』後編巻之三
愛知県図書館蔵

清須城墟の記念碑（部分）

り、むかし右府其臣に礼なきを以て滅しとそ、君使臣以礼臣事君以忠と聖語に見へたり、殷監ともいふへきにや、此所ゟ歩行して稲葉宿に小休す（以下略）

慶永の信長評価は、かなり厳しいものであるが、君臣関係を重視する大名からすれば、謀反された人物の評価が低いのは当然のことであろう。興味深いのは「信長の城跡」と明記されていることである。幕末になると、清洲に信長の記念碑が誕生する。１８４７年（弘化４）頃には武田晨業（ときなり）によって「右大臣織田信長公古城跡」の碑が建てられ、１８６２年（文久２）には、本陣林恪によって「清須城墟碑」が建てられた。その碑文は伊勢の儒者斎藤拙堂によるもので、『尾張名所図会』の古城図にはその石碑も描かれている。清洲の名所化、観光整備の始まりといえよう。

この幕末期の信長顕彰の流れは、明治に入ると本格化し、保存会の開設や寄付金募集の運動につながる。１９１７年（大正６）に清洲公園の整備が本格的に始まり、１９２２年に開園となった。１９３６年（昭和11）に信長像が建てられ、盛大な除幕式が催された。１９８９年に模擬天守も設けられ、２０１２年になって濃姫像も加わった。信長の顕彰から、現在は夫婦円満・恋愛・必勝祈願のパワースポットとなった。名所は自然発生するものではなく、人によって認識され、人によって創られるものであり、それは現在も進行中である。

信長と濃姫の像

右大臣織田信長公古城跡

東山公園で230人が参加した集団お見合い大作戦【名古屋市】

文／長坂英生

「秘密のバッチ」が目印

敗戦後、世の中が落ち着き始めると行政主催の「集団見合い」が全国各地で頻繁におこなわれた。名古屋市では市社会課（当時）が主催して、1948年（昭和23）4月18日に東山公園で「春まつり」のイベントとしておこなわれた。

当時の「名古屋タイムズ」によると、希望者は市社会課内にある結婚相談所などに身元証明書と申込金20円を持参して登録した。当時、カレーライスが50円だったから、20円は、まあ、高くはない。現代の集団見合いと違い、ホテルなどの施設ではなく東山公園というのがすごい。しかも、集団が打ち揃って「ご対面」するのではない。

男女は「秘密バッチ」（女性は頭にスミレのリボン、男性は上着の襟に小さなボタン）を付けて、午前10時から一般客の雑踏に交じりバッチをつけた相手を物色。気に入った相手に連絡先を書いたカードを渡し、正午には当時公園内にあった別荘跡地「一粒荘」に集合するという手の込んだもの。約230人が参加。そのてんまつを「名古屋タイムズ」が詳報している。

女性最年長参加者は52歳

〈あまりの雑踏で秘密バッチを付けた人を見つけ出すことができず、集合場所の一粒荘に来てしまう人が多く11時ごろには早くも100人内外が集まり、うれしくもあり、また深刻な表情で待っている〉

独身記者も参加して、体験レポートしている。

素晴しき日曜日
きようこの日こそ
参議長に息子連れ
花嫁探す中年紳士
東山の人波かきわけ

東山公園の集団見合いを報じる1948年4月19日付け「名古屋タイムズ」

東山公園の集団見合いの様子をイラストで伝える1948年4月20日付け「名古屋タイムズ」

〈スミレの花を目当てに、ぼんやり腰を下ろして行き交う人波にみとれていると、〝失礼ですけど…〟とはにかんだ女性の声が耳に入る。振り返って立ち上がる記者に連絡カードが渡された。瞬間くすぐったい感じだ。22、3歳の洋装の女性で記者が〝よろしく…〟という一言を聞きもせず女性は走るように去った〉

参加者の人生もいろいろ。再婚や年齢を問わないとあって、中年男女もハリキッて参加した。〈名古屋市中区で商売を営んでいるという50歳の中年紳士は、傍らに東海中学の制帽をかぶった17、8歳の少年を連れている。1年半ほど前に奥さんを失って後添えをと参加したが、まず自分よりも息子の意見を聴きたいと参謀格に連れてきた〉〈女性の最年長者は52歳。白髪交じりの頭をハイカラに結い上げ、スミレのリボンをつけてやってきた。先生をしていたご主人に先立たれてから10年。子どももなしに老い先を考えると寂しくて参加。同年だという再婚希望のおやじさんと話を交わしていた〉

女性の好みは「家族の少ない気楽な人」、男性は美人を好む傾向があり、連絡カードを20枚ももらった女性が15、6人もいた。担当者によれば「男は案外心臓が弱いようでカードを渡しても赤くなってはずかしがり、話もろくにできない人が多かった」とか。

「百万人のダンスパーティー」も

その後も東山公園では「男女の出会いの場」をしばしば提供していた。昭和20年代には毎夏、「東山宵まつり」を開催し、生バンド演奏によるダンスパーティーが恒例行事だった。

（上）1952年7月の東山宵まつり。キャバレー「赤玉」の専属バンドとダンサーの先導で若者たちが踊った

（左）1953年7月の東山宵まつり。「百万人のダンスパーティー」と題して、若いカップル数千人がロマンチックな夜を楽しんだ

名古屋の博覧会と博物館【名古屋市】

文／副田一穂

日本で二番目の博覧会

「博覧会」という訳語は、フランス語に堪能な幕府の外国奉行、栗本鋤雲（くりもとじょうん）が考案したとされるが、一般に広めたのは福沢諭吉の『西洋事情』だろう。1862年（文久2）のロンドン万博をはじめ欧米各国を視察した福沢が帰国後にまとめた見聞記で、当時異例の20万部を超えるベストセラーだ。

さて、日本で最初に博覧会と名の付くイベントが開催されたのは、1871年（明治4）10月の京都西本願寺だったが、次いで二番目は翌11月の名古屋総見寺だったことはご存じだろうか。東京初の博覧会は翌年なので、それよりも早い。総見寺の会場に並んだ400点余りの展示品を見ると、改良コタツ、古鏡、サンゴ、鳥獣の剥製、銅鐸、屏風、化石、陶磁器…と、かなり雑多だ。医薬品として役立つ動植鉱物を研究した「本草学」が盛んな土地柄もあって、出品者には伊藤圭介や大河内存真（ぞんしん）、水谷助六ら本草学者が名を連ねている。

名古屋で二回目の博覧会は、1874年に東別院（東本願寺名古屋管刹（かんさつ））で開催された。地元の実業家らが発起人となり、県令（現在の県知事）が陣頭指揮をとったこの博覧会は、当時皇室に献上されていた名古屋城の金鯱の一尾や、瀧山寺の鬼面、後に重要文化財に指定される中根銅鐸や宝刀熱田国信なども出品されたとあって、大変な人気を博した。展示品が日々増えたため、当初ひと月だった会期を10日間延長し、会場も急遽西

東別院で展示された名古屋城の金鯱（1874年）　名古屋市鶴舞中央図書館蔵

愛知県博覧会のパンフレット（1878年）　名古屋市鶴舞中央図書館蔵

別院まで拡げたという。当時のビラ『名古屋博覧会道志るべ』によれば、メイン会場で「鳥獣及び芸妓手踊等の雑技に至るまで」を楽しんだあとは、北隣の栄国寺で豊川茶枳尼天のご開帳を見てから入場券を返す、という流れだったようだ。

愛知初の博物館

三度目の博覧会は、再び総見寺が会場になった。より精確に言えば、総見寺の敷地を県が寄附金を集めて買い取り、博覧会場をそのまま博物館にしてしまおうと目論んだ。つまりこの1878年9月の愛知県博覧会開幕は、すなわち愛知初の博物館開館でもあった。敷地には品評所や動物館、茶室、植物園、さらには池に海水魚を飼育する舟まで備える、一大総合博物館である。折しも金鯱を名古屋城天守に戻したいという地元の実業家らの嘆願が聞き入れられ、雌雄の鯱が名古屋に里帰りしてきた。これが博覧会場で来場者を出迎えた。

博物館は当初民間で運営したが負担が大きく、5年後に県営化して名前も愛知県博物館となった。およそ30年にわたり県内外の物産を紹介して商工業の発展を促し、1910年、同じ場所で愛知県商品陳列館に生まれ変わる。しかし1930年（昭和5）に東新町の陸田ビルに移転し、敷地を民間に払い下げたため、現地には当時の姿を偲ぶものは何も残っていない。ただ、開館の年に明治天皇の休息所に使われた品評所だけは、龍影閣と名を変えて移築されたため、現在は国の登録有形文化財として熱田神宮の境内に残っている。

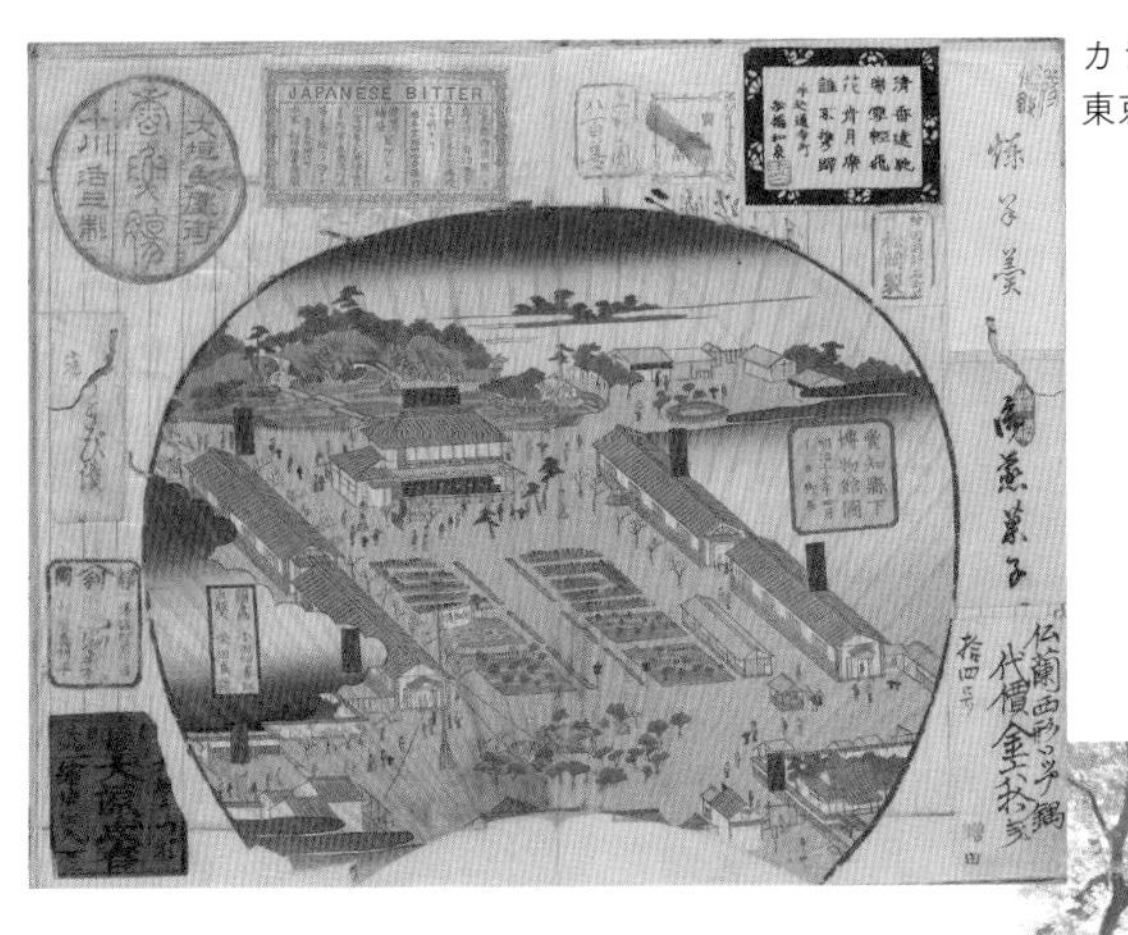

カラーで描かれた博物館（1879年）
東京大学総合図書館蔵

龍影閣（旧博物館品評所）の現在の姿
熱田神宮

五色園 文献・資料から辿る〝迷処〟の謎【日進市】

文／近藤 順

愛知県観光協会のWEBサイトでは、「二十万坪もの敷地をもつ、日本で唯一の宗教公園で、園内にはいたるところに親鸞聖人のご旧跡をあらわした塑像があります。「五色園」とは松・竹・梅・桜・紅葉の五種類の樹木にちなんでつけられたもので、四季折々の自然を楽しむことができます。桜の名所としても有名で、四月上旬期には約三千本の桜が咲き誇ります」と紹介され、公共交通アクセスでは、「地下鉄東山線「名古屋」駅から「星ケ丘」駅下車。名鉄バスに乗り換え「五色園」下車」と明記される観光地である。

歴史は古く、

●1934年（昭和9）7月6日創設（設立）

「五色園現況案内」（1941年5月五色園刊）によれば、

●1935年4月27日附で愛知県知事の保安林開墾の認可が降り、築造工事に着手し、天然自然の地脈を活かし〝大乗佛教の精華浄土門眞宗の開祖親鸞聖人が、満九十年の捨身求道、燃ゆるが如き衆生教化の生涯中著名なる御事蹟を選び、等身二倍の標準を以て御像を刻み在し日の聖人の風貌を眼のあたりに拝し、同信讃仰の一助とすると共に、我國六十餘州の各國より代表的な偉人烈士衆人の模範となるべき故人を選定し、その著名なる史蹟を築造〟し、「史蹟佛教公園眞宗五色園」として、

●1938年10月16日には現況絵葉書に見るように、親鸞聖人廿四態（八景）

未彩色のコンクリート彫像史蹟佛教公園眞宗五色園絵葉書（1938年）

・日野左衛門門前ノ景
・板敷山辨圓狙害ノ景
・箱根権現ノ景
・雲母坂六角堂御通ノ景
・六角堂之景
・川越之名號ノ景
・御田植ノ景
・水澤池ノ景
帝國偉人像尾張國之部（一景）
・出世太閤橋

が、ほぼ完成している。

＊ほぼの事由は「出世太閤橋」のコンクリート造型物が未着色であること。

そして、

●１９４０年1月27日、農林省保安林解除と成り、愈よ本格的事業進捗に躍進したのだが時代は戦時下。

「名古屋新聞」（１９３９年10月29日）の見出しに見られるように「宗祖に報徳の聖地」「日本唯一の佛教公園」は「敬神崇祖体位向上の理想境」として「現下非常時下においてこの五色園こそは秋の紅葉、冬景色春の散策新緑のハイキングに夏は避暑地として最適といふ四季それぞれ風趣をもった行楽地として最も推奨さるべき地」であり、五色園側によれば「八紘一宇の大理想と共に、我が皇國の永遠に榮える蔭に忘れてならぬ幾多の人々の功績を顯彰し、以て日本精神涵養の一助にせんとする」施設とされた。

戦後の五色園の動きとしては、

●１９５１年10月 博物館として、「全國博物館・動植物園・水族館」（日本博物館協會編 理想社刊）に愛知県では、名古屋城、名古屋市立東山動物園、名古屋市立東山植物園、徳川美術館の次に、「神州五色園」

＊眞宗だと特定の宗派なので「神州」と表記したのだろうか。

史蹟場面築造中
「万国史蹟宗教公園創建趣旨」より
肖像彫刻美術部

史蹟佛教公園眞宗五色園絵葉書 (1938 年)

画像協力（次ページ見開きも）：神保町のオタ氏、鳴瀬潤氏、富屋均氏、名古屋タイムズアーカイブス委員会、野村智昭氏、自然誌古典文庫

瀬戸市陶磁器陳列館、東京大学農学部水産実験所附属水族館（新舞子水族館）の全七館の内の一つとして立項された。

また、この頃「京都府百年の年表 六（宗教編）」（京都府立総合資料館編、京都府、1970年）によれば、

●1951年3月18日、京都洛南八幡町に建設する宗教公園着工記念法要を執行とあり、これは、「二百万坪を事業出発の地区として二府四県の連峰に拡張し本邦の中心に万国史蹟宗教公園真修五色園」の事で、「万国史蹟宗教公園創建趣旨」という奉賛（投資）募集の要項まで出ている。

本家、五色園は、1954年の「名古屋タイムズ」の記事によれば荒廃にまかせるままだったが、最近の復古ブームで二十場面に及ぶセメントの巨人塑像によるパノラマ人気で年間30万人以上も集客しているとある。

●1967年の名鉄バスターミナルビル開業により、森林公園とともに五色園への名古屋駅からの直通バスの電車との乗り継ぎ乗車券も発売となり、同年には現況の図録も版を改訂して発行されている。

●1969年8月には第1回中津川フォークジャンボリーに先駆けて労音主催の8月例会（1969年8月2－3日）「フォーク・キャンプ」が開催され、出演者の顔ぶれは高石友也、岡林信康、高田渡、五つの赤い風船、ジャックス、中川五郎とアマチュアバンドという錚々たる面子で千名の参加者が集まった。

この頃には隣接地で日建住宅株式会社による「五色園ハイランド」の住宅開発が始まっている。

●1970年3月には前衛芸術の岩田信一によるパフォーマンス「ランニングアート」が実行され

五色園全影図　1955年頃の絵葉書タトウより

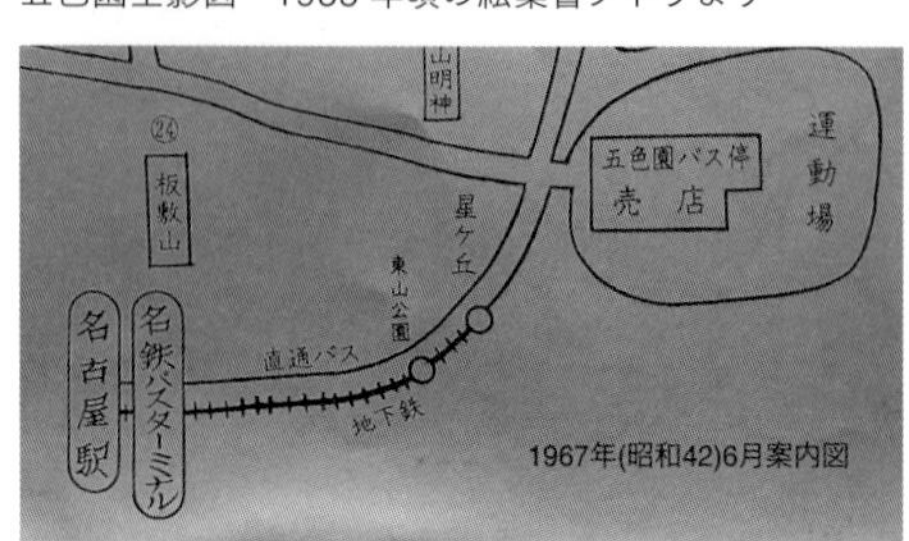

名鉄バスセンター直行バスの案内　部分（1967年）

「名古屋タイムズ」1954年6月6日

た。

●１９７７年10月には隣接する住宅開発五色園ハイランドが５００戸を達成。

五色園は日進のアイコンとして地名にも名前を刻まれた。

創設者の森夢幻初期の１９２９年の猪高極楽寺、親鸞御坐像と晩年の１９５１年の京都八幡町、萬國宗教公園眞修五色園の二つのついえた計画があったものの、五色園だけは森夢幻の理想が叶った唯一の宗教公園として永世の存在感を示したのである。

フォーク・キャンプ（1969 年）

●２００９年から創業者がこだわった造型仏を修復・塗り直しをおこなう再生プロジェクトを主宰する大竹敏之氏の快著『コンクリート魂 浅野祥雲大全』（２０１４年刊）を携えながら散策することをお勧めしたい。

最後に五色園の拝観入園料の無料？有料？について１９６５年の証拠写真を挙げて読者への謎の提示をしてこの稿を終わる。造りながら開園？であったり、五色園のヒストリーは、まだまだ研究が待たれる〝迷宮〟領域なのである。

名鉄バスきっぷ売り場に
掲示されていた入園料（1965 年）

「五色園」図録
上が 1966 年、下が 1967 年

京都萬國史跡宗教公園
（1951 年）

五色園開拓に精進する森管守
（1951 年）

梅の名所の衰退と復活【知多市】

文／真田泰光

梅林の成り立ち

梅の名所として知られる知多市佐布里(そうり)の佐布里池周辺は、住宅地と田畑が広がるのどかな地区である。元来純農村であったが、水資源に乏しく、また地形上耕作用地を広げることも難しかったため、住人たちには出稼ぎの万歳(まんざい)や養蚕など副業の必要があった。その副業の一つとしておこなわれたのが、畑のあぜでも育つ梅の栽培であった。

明治時代初期、農家の鰐部亀蔵により、当時としては厚い果肉と小さい種が特徴で、かつ生産量が多い梅が生み出された。「佐布里梅」と名づけられたこの品種の梅は、接ぎ木によるクローンで増やされ、佐布里中に広がり、梅林を形成するに至ったのであった。なお、以前は「亀蔵は梅を桃の台木に接ぎ木して佐布里梅を作った。桃の遺伝子が混ざっているから、佐布里梅は実が大きいのだ」と認識されていた。しかし、接ぎ木によって台木との遺伝子の混合が発生することはなく、また梅を増やす際に桃を台木にすることは一般的におこなわれている。そのため「亀蔵が品種改良等で作った佐布里梅を桃の木を台木として接ぎ木で増やした」が正しいと考えられる。

佐布里梅は実の生産のみならず、他の花が少ない時期の2月下旬に花を咲かせることから、観賞用としても適していた。名古屋方面からは1912年（明治45）に開通した愛知電気鉄道（現在の名古屋鉄道常滑線）の寺本駅からアクセス

梅林と休憩小屋（1922年）
知多市歴史民俗博物館蔵

梅林と佐布里池（1977年）　知多市歴史民俗博物館蔵

することもでき、大正時代から昭和時代中期にかけては、観光地としても賑わいを見せたのであった。

衰退と復活

1959年（昭和34）9月にこの地域を襲った伊勢湾台風は、沿岸部を中心に多大な被害をもたらした。内陸の佐布里地区においても風雨が猛威を振るい、多くの梅の木が倒れてしまった。また、愛知用水の通水や沿岸部の埋め立てと工業用地化に伴い、愛知用水の調整池である佐布里池が建設（1965年完成）され、梅林を含む農地の多くが水没することになった。これにより、佐布里地区の梅の栽培は衰退し、旧来の梅林は姿を消したのであった。

しかし、佐布里池完成後、池周辺にさまざまな品種の梅が植樹された。また2001年の「佐布里緑と花のふれあい公園」開園をきっかけとし、地域住民が中心となって佐布里梅の復活をはかり植樹をおこなった。その結果、現在佐布里梅林は佐布里梅を始めとする25種約6千本（2023年時点）にまで増え、愛知県内一の本数を誇っている。

このように、佐布里の梅林は、佐布里梅という一つの梅の品種とともに歴史を歩んできた。今でも薄紅色の花は観賞用として、鈴なりに付ける実は梅干しなどの加工品として、地域の特産品に位置づけられている（佐布里梅の花は2015年に市の花に、2019年に市の天然記念物に指定）。

佐布里梅の花が咲く2～3月には、ふれあい公園で「佐布里池梅まつり」が開催される。梅の香りが漂う佐布里の里は、明治時代から現代に至るまで、人々の憩いの場として親しまれ続けているのである。

観梅の人々

佐布里梅の花

八橋の古跡と庭園【知立市】

文／近藤真規

八橋の古跡

八橋は、『伊勢物語』に登場し、歌枕の地として名高い。かの在原業平が都から東へ下る道すがら、三河の八橋で美しく咲く杜若を見て、「からころも～」の歌を詠んだ。史実かどうかはさておき、以来八橋は人々の憧憬の地となった。

古代・中世にかけて八橋は東海道沿いにあり、逢妻川の低湿地を北に臨んでいた。ここに自生していた杜若が東海道を往来する人々を和ませ、話題となっていたからこそ『伊勢物語』でとりあげられたのかもしれない。

東海道を旅した人の紀行文をみると、「八橋は名のみにして、橋のかたもなく、何の見所もなし」（『更級日記』）、「かの草とおぼしき物はなくて、稲のみぞ多く見ゆる」（『東関紀行』）といった有様であった。近世になっても同様で、杜若は絶えて田となり、八橋の古跡として塚の上に業平を忍ぶ石塔があるに過ぎなかったようだ。『伊勢物語』の成立から数百年も経過し自生の杜若が絶えたとしても不思議ではないが、期待度がそれだけ高かったともいえる。「がっかり名所」という言葉があるが、まさに八橋は久しくそういった状態であった。

新たな名所　杜若庭園

業平の石塔から約６００ｍ東にある無量壽寺。その境内に杜若池がある。１９７０年（昭和45）には、市によって境内北隣に新庭園が造成、竹林の一角に茶室も設け

八橋の古跡（1947年頃）

八橋の古跡にある石塔

られた。八橋かきつばた園として5月には大勢の観光客を迎える。絶えて久しい八橋の杜若を庭園で再現し、今や名所八橋といえば業平の古跡よりもこの庭園が主役となった。

庭園のなかで要とされるのは庫裡の裏手にある杜若池である。岡崎の村墨山を借景とし、高低差を設けて奥行のある造りとするなど文人庭としての工夫が凝らされ、座敷からの眺めも見事である。

この庭園はいつ作庭されたのであろうか。元禄の頃、無量壽寺（当時は無量寺）は東海道から八橋へ分かれる道端に道標を建て、八橋山十境の図なる刷り物も作成したらしい。これらは「がっかり名所」返上への動きといえるかもしれない。「東海道分間絵図」（1752年）には「八橋へ行道、石碑あり。八橋山無量寺といふ済家の禅寺あり。在原業平作の観音並びに八はしの橋杭、縁起等あり。今も池に杜若あり」とある。この池こそ杜若池の原形であろう。

八橋売茶翁が残したもの

八橋は文人たちを惹きつける地であった。境内には八橋古碑や芭蕉連句碑などの記念碑が多数ある。

1805年（文化2）、茶笈を背負った老禅僧がやってくる。八橋売茶翁である。高遊外売茶の生き方に影響を受け、煎茶を売り、文人らと交友を深めるなか、荒廃した八橋を目の当たりにし、寺の復興に尽力したと伝えられている。1822年（文政5）、杜若の咲く頃、紀州藩第十代藩主徳川治宝（はるとみ）の訪問を受ける。その縁で紀州へ招かれ、治宝直筆の書「通僊閣」を賜った。杜若池には治宝侯寄進と伝わる石灯篭がある。庭園の歴史の一コマである。

無量壽寺の杜若庭園（明治頃）絵葉書
知立市歴史民俗資料館蔵

八橋かきつばた園　知立市役所蔵

三谷の弘法大師像とその一帯【蒲郡市】

文／平野仁也

東洋一の大師像

三谷温泉の北側、南山の頂上に巨大な弘法大師空海の像が立っている。そのお姿は周囲からよく見える。地元の人は親しみをこめて「弘法さん」と呼ぶ。また、「子安弘法」とも称され、安産の御利益でよく知られている。なぜ大師像はそこにあるのだろうか。

滝信四郎と蒲郡

1888年（明治21）、東海道線の浜松—大府間が開通し、蒲郡駅が開業すると、海辺の保養地として多くの観光客が蒲郡を訪れるようになった。

戦前、名古屋の繊維問屋・滝兵商店の経営者であった滝信四郎は、三河湾に面する風光明媚なこの地をこよなく愛した。信四郎は、高級料理旅館・常磐館の建設（1912年）、竹島橋の架設（1932年）、蒲郡ホテルの建設（1934年）に尽力し、観光地として同地を整備した。

弘法大師像の建造は、蒲郡町に隣接する三谷町から、観光の興隆を目的とする施設建造の要望があったことを発端とする。信四郎はそれを了解し、大師像の建造に着手したのだった。

なお、滝信四郎は江南市にある中高一貫の名門校滝学園（当時の校名は滝実業学校）の創始者でもある。経営する常磐館では茶代（心づけ）を廃止するなど、様々な分野で開明的な取り組みを行った人物であった。

建造中の大師像。足場でおおわれている

現在の弘法大師像

＊本項の写真はすべて蒲郡市博物館提供

大師像の建造

大師像の竣工は１９３７年（昭和12）である。設計は建築家の村瀬国之助がおこない、工事は仏師・鬼頭三郎があたった。総工費は当時の金額で15万円であった。

像高は約18・6ｍ、これは大師が62歳で亡くなったことにちなみ、高さを62尺としたものである。その造形は、四国八十八ケ所霊場の一つ、香園寺（愛媛県西条市）が所蔵する大師像をかたどってつくられた。

戦後の弘法山開発

大師像が立つ山の南に、乃木山という小高い丘がある。丘の上には陸軍大将・乃木希典のコンクリート像（１９２０年建造）が立っている。

かつて弘法山と乃木山は、ロープウェーによって結ばれていた。ロープウェー開業は１９５８年で、当初は三河湾の眺望を売りとし、賑わいをみせたが、やがて利用客は減少、１９７５年に廃止された。

１９６０～７０年代は、弘法山一帯が観光地として大いに開発された時期である。遊園地（観覧車や各種遊具）・バンビセンター・プラネタリウムなどがあった。海と山が接近した地形であり、海水浴客や三谷温泉の宿泊客を見込んで各種の開発が進められたのである。しかし、そのような観光事業も時代の進展とともにかげりをみせ、遊園地・バンビセンターは１９８４年に営業を終えた。

弘法山の諸施設が廃止されて久しいが、大師像は建造から80年以上が経過した現在も、地域のシンボルとして変わらずそびえたっている。像を見上げると、この地の開発と人々の安寧を願った滝信四郎の志が伝わってくる気がする。

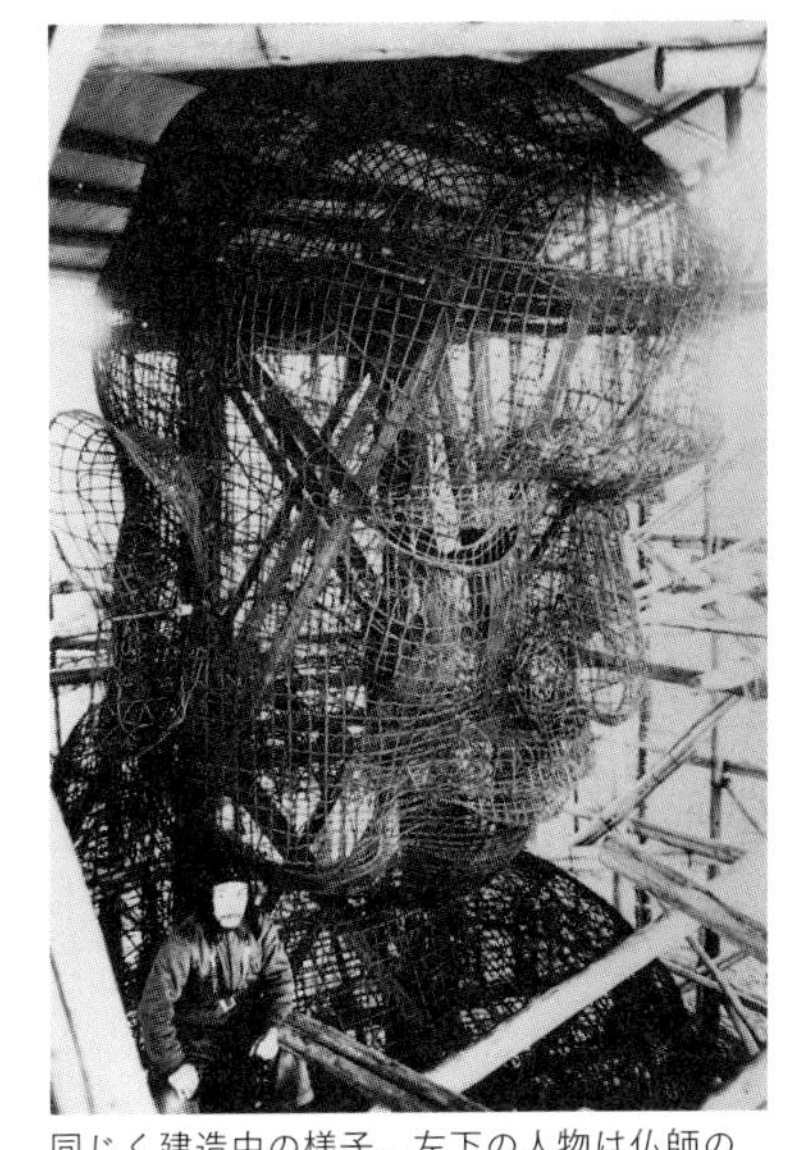

同じく建造中の様子。左下の人物は仏師の鬼頭三郎

弘法山遊園地。小型の観覧車があった

弘法山ロープウェー。手前は乃木希典像

シーボルト・昭和天皇も訪れた岩屋観音【豊橋市】

文／岩瀬彰利

新幹線からも目立つ山容

30年ぐらい昔になるが、テレビで有名な長寿トーク番組を見ていたら、浜名湖あたりの話をしていた。すると、司会の女優がゲストに「東海道新幹線で浜名湖を過ぎると、右側に観音様が立つ立派な岩山が見えますね」と述べていた。

この話に出た岩山は、岩屋山のことである。岩屋山は標高78mの岩塊の山で、頂上には聖観音立像が建っている。また、山麓には観音堂があり、地元では全体を岩屋観音と呼ぶ。その美しい景観から、江戸時代には東海道を行き交う旅人から多くの信仰を集めた。

さまざまな人が訪れる

東海道沿いにあった岩屋観音へは、シーボルトや昭和天皇などの著名人が訪れている。

シーボルトは、ドイツ生まれの医学者で、江戸時代の日本に西洋医学や博物学を伝えた。１８２６年（文政９）に江戸へ参府し、その長崎への帰りに岩屋観音に立ち寄ったことが『江戸参府日記』に書かれている。その時のシーボルトの主目的は植物採集であったが、岩屋山および観音堂のスケッチを描いている。

また、昭和天皇は１９２７年（昭和２）に愛知県で開催された陸軍大演習の帰りに、岩屋観音を訪れている。豊橋行幸は、陸軍教導学校と岩屋観音の２カ所を巡った。岩屋観音では白馬にまたがった写真が残っており、麓から観音堂までは白馬で登ったようである。

シーボルトが描いた岩屋観音
シーボルト『NIPPON』より

岩屋山に建つ聖観音

　このほか、岡山藩主の池田綱政は、曽祖父の池田輝政が吉田城主であった縁から岩屋観音を崇敬し、観音経や灯籠、絵馬などを寄進している。

新旧二つの観音像

　頂上に立っていた旧聖観音立像は、1765年（明和2）に江戸谷中の衆が寄進したもので、銅製で高さは9尺6寸（約2・9m）もあった。寄進に至った理由は次のとおりである。

　1754年（宝暦4）、豊川に架かっていた吉田大橋を架け替えることになった。工事を請け負った江戸谷中の大工は、難しい架け替え工事であったために岩屋観音堂へ参拝し、その夜の夢に観音様からお告げがあり、それに従って橋を完成させた。その御恩のために、大工が発起人となって観音像を建立したのであった。

　この旧聖観音立像は太平洋戦争中の1944年に、金属類回収令に基づいて供出され、しばらくは観音像がない状態が続いた。だが、戦後になった1950年、新聖観音立像は同じ大きさ、同じ位置で再建された。

　さて、新旧聖観音立像を比較すると違いがあることがわかる。旧観音は全体的にむっくりしており、やや前傾姿勢にも見える。髪型は高さがある高垂髻（こうすいけい）であり、印相は右手が「施無畏印（せむいいん）」、左手は蓮の花を持物（じぶつ）としている。

　これに対して新観音は全体的にほっそりし、やや反った姿勢をしている。髪型は宝髻（ほうけい）で宝冠を付け、印相は右手が「施無畏印」であるが、左手は蓮の花を持っておらず、ここが大きく異なっている。

　戦後すぐの再建のため、完全な復元とまでは至らなかったのである。

白馬に乗った昭和天皇
豊橋市図書館蔵

旧聖観音立像
豊橋市図書館蔵

新聖観音立像

駅前につくられた私設動物園　安藤動物園【豊橋市】

文／岩瀬彰利

駅前の動物園

かつて豊橋一の繁華街として賑わっていた広小路通の入口、ときわ通との分岐角に、ひっそりと「安藤動物園跡」の碑が立っている。この碑に気付く人は少ないが、明治にはここに動物園があった。

安藤動物園をつくった安藤政次郎は、横浜で「新聞小政」として名を馳せた人物である。1887年（明治20）に郷里豊橋へ戻って養豚業をはじめた。安藤は豚舎の一角にサルや珍しい鳥を飼い、この時の動物飼育が動物園設置の基礎となったのである。

1899年3月、安藤動物園は停車場通（常盤通）沿い南側、豊橋駅の前に開園した。停車場通は、当時の繁華街であった札木町と郊外にできた駅を最短で結ぶためにつくられた道である。動物園のあった豊橋町大字花田字西宿は、駅前ではあるが当時は田畑が広がっていた。

動物園のようす

当時の動物園のようすを伝える写真は残っていない。ただ、文献（金子1983）によれば、動物園には遠くからでもわかるように「安藤動物園」と大きく書かれたのぼりが立てられていた。建物は木造平屋の簡易なもので、入口部分のみ瓦葺の庇がついていたようである。入口は昔の駅の改札口のように仕切られており、入場料は3銭であった。

動物は、ライオン、トラ、ハイエナ、クマ、ラクダ、サルなどの

駅前にあった動物園（豊橋市街全圖 明治37年版）
豊橋市図書館蔵

広小路１丁目に立つ碑

哺乳類、ニシキヘビなどの爬虫類、ペリカン、ツルなどの鳥類を飼育し、数十を数えたそうである。

人気の駅前動物園

明治の地方都市では、ライオンやクマなどの猛獣は非常に珍しかった。アイディアマンであった園主の安藤は、時々「ツルのバンザイ」というショーをおこなった。これは、羽織袴姿の安藤がツルの前に立って号令をかけると、ツルは長い首を持ち上げて3回鳴くというもので、動物ショーの先駆けであった。また、自らウサギの仮装をして呼び込みもしていた。安藤の努力と駅前という好立地から、豊川稲荷参拝者が豊川鉄道と省線の乗り換えの際に立ち寄るなど、遠方からの来場者も多かった。

移転・開園した二代目動物園

安藤動物園は、新停車場通（広小路通）築造のため立ち退くこととなり、１９１２年、花田町字守下の図書館予定地横の市有地（２５００㎡）に移転・開園した。建物（動物舎）は約７００㎡と大きくなり、入口左側は２階建の猛獣舎で屋根に色着き瓦でライオン、トラなどと書かれていた。右側は小動物・鳥舎と分かれていた。飼育された動物は約50種２５０匹であった。

１９１５年（大正４）の秋には、岐阜市主催の御大典記念勧業博覧会に動物を運んで臨時動物園を開いた。これは移動動物園のはしりであるが、好評であったため金杯と感謝状をもらったそうである。

閉鎖、そして豊橋市立動物園へ

昭和になって動物園は徐々に経営が行き詰った。安藤政次郎が亡くなると、遺言により市へ寄附され、豊橋市立動物園となった。

ウサギの仮装をする
安藤政次郎
豊橋市図書館提供

二代目の安藤動物園　豊橋市図書館提供

航空機産業と空の観光華やかな〝飛行機の聖地〟

【西春日井郡豊山町】

文／加美秀樹

小牧飛行場の時代

名古屋空港の成立は、1940年（昭和15）に軍都名古屋の防空を目的とし、陸軍小牧飛行場を豊山に建設する計画へと遡る。42年に着工し44年に1期工事が完成するも未完で終戦を迎え、45年8月にアメリカ軍が接収して軍が飛行場整備を実施。50年勃発の朝鮮戦争時には米軍機の整備点検修理に活用され、51年からは米軍と日本の民間機との共用を開始。57年に国内第2番目のターミナルビルを新設し、翌年には正式に米軍から返還をうけて名称を名古屋空港へと改称、59年からは航空自衛隊小牧基地と民間の共用となる。

憧れの空への想いを馳せる

民間航空機の就航が増えると、飛行機の発着風景や空港ロビーの雰囲気を楽しむ観光客が空港に訪れるようになる。空港ビル内の航空展示室や展望デッキが「名古屋観光10選」に選ばれたことを機に観光バスが連日ビル前に連なり、新幹線開通以前は芸能人や野球選手などが名古屋空港を利用したことから、ロビーや喫茶室でフライト待ちする有名人を見ようと多くのファンが殺到したという。

1964年には新空港ビルが竣工し、東京オリンピック開催、東海道新幹線および名神高速道路開通と、戦後日本人が明るい未来への夢と希望を実感できた年でもあった。新空港ビルの完成もまた、庶民の空への憧れを誘う契機となった。実家には、新空港ビル

撮影　1966. 3. 11　名古屋空港見学記念

名古屋空港見学は近隣市町の遠足の定番。前列右から4人目の園児が著者（1966年）

新空港ビル開業時に父が撮影した家族写真。左から、著者、母、弟（1964年）

竣工年に家族で行楽に名古屋空港見物へと出かけた記念に父が撮影した写真と、66年の保育園卒園遠足時の集合記念写真が残っている。離着陸する飛行機を展望デッキから眺めたり、展示用飛行機に乗り込んだりして、当時空港見物訪れた人々は皆、憧れの飛行機搭乗への夢を募らせたに違いない。

私にはもうひとつ、子供時代に強く印象に残る名古屋空港にまつわる思い出がある。71年秋、小学校6年生の私は父と共に航空自衛隊小牧基地で開催された第3回国際航空宇宙ショーを訪れ、ショーの目玉として招聘され初来日を果たしたアメリカ海軍航空隊アクロバットチーム「ブルーエンジェルズ」6機編隊による〝F－4JファントムⅡ〟の演技飛行を見た。戦闘機が超低空を通過したはるか後から轟音が追いかけて響くのを聴いた超音速体験は、今なお衝撃的な出来事として記憶に残っている。

航空観光の現在

86年に新国内線ターミナルビルが完成すると、館内に航空史や宇宙をテーマとする航空宇宙館が新設され、04年の閉館後は航空館boonに展示物を移設。現在は17年に開館したあいち航空ミュージアムがその機能を受け継ぎ、日本航空史に名を残す25分の1スケールの名機百選をはじめ、国産旅客機YS－11やブルーインパルス専用機T－4などの実機も展示して航空ファンを楽しませている。名古屋空港ターミナルビル、あいち航空ミュージアム、エアポートウォーク名古屋などに展望デッキや展望室が設けられているほか、空港北側の小針公園、南側のエアフロントオアシス公園、西側の神明公園では、旅客機や自衛隊機が離着陸する様子を間近で眺められる。

名古屋空港で試験飛行をおこなった国産初の旅客機「YS-11」
あいち航空ミュージアム

名古屋空港（昭和30年代）　絵葉書「大名古屋」

駅利用者の往来で賑わう名古屋の表玄関【名古屋市】

文／加美秀樹

名古屋に待望の鉄道駅誕生

名護屋駅が開業したのは、1886年（明治19）春のこと。明治政府が東京～神戸間を結ぶ官営鉄道を計画し、中山道をルートに加納駅建設の資材輸送のための連絡線を知多半島の武豊港から敷設したことが、名古屋に鉄道駅を建設する発端となる。名古屋区長・吉田禄在の働きかけで現笹島交差点北側に設置されたのが、木造平屋建の初代名護屋駅だ。同年政府による東海道ルートへの変更が、主要駅へと発展する契機となる。翌年に名古屋駅へ改称し、笹島ステンションの呼称で親しまれる。

24年の濃尾地震で駅舎が倒壊するも、翌年には新駅舎が竣工。関西鉄道（現・関西本線）乗り入れ、中央線名古屋～多治見間開通と東西の起終点駅として発展、旅客も貨物も年々取扱量が増加し名古屋駅は徐々に手狭になってゆく。

東洋一と謳われた駅舎の完成

当時の名古屋駅は旅客駅と貨物駅が共用で、それを分離するため貨物駅は笹島地区へ、旅客駅は約200m北北西の現在地へと移転する。1934年（昭和9）に新旅客駅と鉄道高架化に着工し、37年2月1日に三代目の新駅舎が竣工。地上5階（一部6階）地下1階建のインターナショナルスタイル建築で、東洋一の規模を誇る駅舎として注目された。高架式鉄道駅、商業施設、官庁舎からなる日本初の複合型駅ビルの誕生だ。これより名古屋駅はランドマークとして、

明治20年頃の名古屋駅と新名古屋駅　伊藤正博氏蔵

人々が集う名古屋の新名所となる。

　1階の旅客駅は出改札から高架のプラットホームに通じ、駅の東西を結ぶコンコースは自由に往来ができた。コンコース両脇は地下商店街で、北側には大型レストランの「食堂みかど」と「早川」経営の構内銭湯、理容・美容室、クリーニング店が、南側には和食の「香楽」「広寿司」、麺類の「やぶ」など各種飲食店が軒を連ね、新聞・雑誌・タバコ・雑貨の「今井商店」もあり、汽車乗降客の憩いの場として重宝された。

　戦時下は45年3月19日の名古屋大空襲で名古屋駅も炎上し、全焼は免れたものの焼け焦げた駅舎の姿が遠方からも確認できたという。終戦で進駐軍が駅施設の大半を接収し、コンコースは焼け出された人々のたむろするところとなった。

人で賑わうターミナル駅ビル

　戦後の混乱期を経て、高度経済成長期には東海道本線の電化、東海道新幹線が開通し、近隣には名鉄百貨店や松坂屋の大型商業施設も出店するなど、駅はさらなる集客の要として発展。国鉄の大時計下や新幹線の壁画前は、人々の待ち合わせ場所として賑わった。

　87年の国鉄分割民営化によるJR東海発足で手狭となった駅舎は再度建て替えられ、99年12月にJRセントラルタワーズが竣工。ジェイアール名古屋タカシマヤが入店する4代目名古屋駅ビルは、ますます人の集うところとなる。

　三代目名古屋駅の取り壊しが決まると、長年にわたり近代建築の写真撮影を続けている私は、駅の外観やコンコースの記録をカメラにおさめた。銭湯好きゆえに、東洋一の駅構内銭湯をそのときに一度体験しておけばよかったと、今にして思えば残念でならない。

昭和 30 年代の名古屋駅前　伊藤正博氏蔵

昭和 60 年代の名古屋駅舎　著者撮影

昔も今も人々が集う名古屋のウォーターフロント【名古屋市】

文／加美秀樹

近代の名古屋港誕生

江戸時代に東海道宮宿七里の渡しとして交通要衝だった熱田港は、遠浅で大型船の入港が不可能なことから、明治に入り新たな築港が求められた。当時の名古屋区長・吉田禄在が明治政府に必要性を訴え、熱田湾の埋立地に計画された港は1896年（明治29）に着工、07年に完成をみる。熱田が名古屋市に編入されたことを機に熱田港から名古屋港へと改称し、11月10日に開港式がおこなわれて待望の新しい港が誕生した。

前年には開港関係者の誘致により全国巡航博覧会船「ろせった丸」が寄港し、大勢の見物客が押し寄せて、築港の機運を高めた。港周辺では2号地、4号地、稲永新田などの海岸にも多くの見物客を集め、大型船舶の姿に観衆の間から大きな歓声が沸き起こったという。

娯楽で賑わう港湾地

聚楽園大仏の建立で知られる実業家の山田才吉は、名古屋港開港3年後の1910年に名古屋初の本格的な水族館「名古屋教育水族館」を開館し、後に娯楽施設「南陽館」を建設。熱田から東築地まで鉄道を敷設し、娯楽施設への交通を整備して集客を図っている。

37年（昭和12）春には百万都市名古屋の宣伝を目的とした「名古屋汎太平洋平和博覧会」が開催され、南区熱田前新田（現・港区港明・港楽）約15万坪を会場に29カ国が参加し約36万点を展示。2カ月半の会期に、480万人以上の

築港に寄与したろせった丸　名古屋港管理組合蔵

名古屋港で開催された汎太博の見物虎の巻
名古屋都市センター蔵

入場者を集め賑わった。

埋立地を利用して34年10月に名古屋港10号地に仮設の名古屋飛行場が、41年10月には11号地に正式な名古屋飛行場が開港した。国際便対応の民間飛行場で定期便や郵便専用機のほか、三菱と愛知時計の軍用機試験飛行にも使用された。

また、昭和初期には9号地潮見ふ頭の天白川側に千鳥ヶ浜海水浴場があり、昭和30年代の造成により消滅するが、かつては知多や三河まで出かけなくても名古屋市内で手軽に海水浴が楽しめたのだ。

戦後は名古屋港の発展に伴い、49年から港内を海上から楽しめる観光遊覧が始まり、54年に「くさなぎ」、58年に「しらとり」が就航。84年就航の名古屋のシンボル金鯱を模した名鉄名港遊覧船「金鯱」も運行開始し、２０００年に引退するまで二代にわたる金鯱の姿が観光客の眼を楽しませた。考現学の研究対象として長年にわたり金鯱の図像を採集記録している私も、金鯱形観光船の写真を撮りにしばしば名古屋港を訪れたものだ。

人気の高い親水エリア

昭和50年代になると、親しまれる港づくりを掲げての開発が進む。ガーデンふ頭は、クルーズ船や帆船が接岸する旅客船バース、名古屋海洋博物館と展望台を備える名古屋港ポートビル、艦全体が南極関連博物館の南極観測船「ふじ」、シャチやイルカのショーが楽しめる名古屋港水族館を中心に、遊園地や商業施設も備わり賑わいを見せる。金城ふ頭は、名古屋国際展示場ポートメッセなごや高速鉄道博物館のリニア・鉄道館があり、名駅直通のあおなみ線が通る。

名古屋港は開港以来百年以上を経てなお、名古屋の名所として市民に親しまれている。

金鯱２とニュー金鯱　名古屋港管理組合蔵

名古屋港名物だった金鯱形の名港遊覧船「金鯱」
名古屋港管理組合蔵

愛知県下新十名所の投票合戦

文／塚本弥寿人

わがまちにぜひ名所を！

名所はつくられる、というのが本書のテーマであるが、そこにメディアが関わるのは、古今東西を問わず広く見られる手法である。1927年（昭和2）に現在の中日新聞の前身の一つである新愛知が、読者の投票による「愛知県下新十名所」を選定すると、5月20日付で掲載した。これは同紙が1925年（大正14）におこなった「大名古屋市十名所」に続くものであり、この年に東京日日新聞や大阪毎日新聞が主催し、鉄道省が後援した「新日本八景」の盛況が背景にあろう。この新十名所選定のルールは、紙面刷り込みの応募用紙か官製はがきに候補地を記入して、7月5日正午の締め切りまでに投票するというものであった。「わがまちにぜひ名所を」という地域の熱い思いは、投票行動を加速度的に加熱させていき、締め切り間際の7月2日には一日の投票数が200万票を超え、締め切りである7月5日は、正午までの半日にもかかわらず、290万票を超えたといい、最終的に1425万4035票の投票があった。

7月6日付夕刊には、最終日に「三好稲荷投票事務所」や「小牧山投票事務所」などと書かれた看板を持って新聞社前へ大挙して押しかけた各候補地の人々の様子が写真掲載されており、熾烈な投票活動と組織運動があったことがうかがえる。この猛烈な投票合戦の結果、見事一位に輝いたのは、百万票を超える票を集めた岡崎公園（1

本社は曩きに一般の投票によつて大名古屋市の十名所を選定し極めて有意義の事なりとして大好評を博しましたが更らに隠れたる名勝を世上に紹介する爲め今回中部日本の各府縣下毎に新十名所なるものを選定すべく、一般の意嚮に問ふ事とし回を分ちて投票を募ります、何卒郷土紹介のため奮つて應募されん事を希望いたします。
その第一回として先づ全愛知縣下における新十名所選定のため投票を募集する事に致しました。選定の方法は左の通りであります。

中部日本各府縣下新十名所選定

其の一 全愛知縣下新十名所【投票募集】

投票と選定

▼投票は本紙刷込みのもの又は官製ハガキ
▼得票數は日々本紙に發表します
▼締切りは七月五日正午限りとす
▼結果の發表七月十日紙上
▼投票は新愛知新聞社内中部日本各府縣下新十名所選定投票係宛
▼最高得點地から順位十ケ所を名所と選定しこれに對し本社からは記念石柱を寄贈する他活動寫眞に撮り廣く天下に紹介します

主催 新愛知新聞社

愛知県下新十名所の募集告知
「新愛知」1927年5月20日

全愛知縣下新十名所選定

當選の榮冠を得た新十名所
本社主催選定投票審査結果發表

當選

一〇四四三五四 岡崎市 岡崎公園
九五八一四四 西加茂 三好稲荷
九二六一三六 一宮市 眞清田神社
八五四九〇三 渥美 伊良湖岬
八五二六三一 愛知 野並相生山
八二二〇一五 西加茂 平戸橋勘八峡
八一一〇三八 東春 小牧山
七五五二六〇 幡豆 幡豆海岸
七四二八七六 額田 岩津天神
七四〇二五一 丹羽 尾張富士

次點新十勝地を選定す

六六八八八五 碧海 西端應仁寺
六五七六八二 西春 河原神社
六四一五八六 渥美 江比間海岸
六〇六五二五 碧海 大濱海岸
五九五九九一 東春 瀬戸雲興寺
五八七九〇七 幡豆 吉田町宮崎海岸
五一三四〇〇 知多 西浦町多賀神社
三九〇七五三 知多 上野山大佛殿
二八九九二三 知多 半田雁宿公園
一三七九六四 知多 師崎海岸

本社大講堂で投票審査会

愛知県下新十名所の選定結果
「新愛知」1927年7月10日

０４万４３５４票）であり、二位が三好稲荷（95万８１４４票）、三位が真清田神社（92万６１３６票）となり、以下、伊良湖岬、野並相生山、平戸橋勘八峡、小牧山、幡豆海岸、岩津天神、尾張富士と続いた。惜しくも新十名所から漏れた次点の10カ所は、新十勝地として選定されている。この上位20カ所の得票だけで、全投票数の95％を占め、各地の応援の激しさがここからもうかがえ、その熱狂そのままに、岡崎では市内を練り歩く提灯行列、三好では神輿や山車の引き回し、真清田神社では屋外公開活動写真大会、平戸橋では花火大会など、発表を受けた祝賀行事がそれぞれ盛大におこなわれている。新愛知側もそれらを記事に取り上げる一方で、7月25・26日には新十名所上空に社所有の飛行機を飛ばしたり、9月1日から10日まで名古屋の十一屋にて「パノラマ式新十名所巡り」を開催したり、新十名所の絵葉書（10枚組）を作成して10銭で販売したりと、その後の盛り上げに一役買っている。また、選定にあたってのうたい文句通り、新十名所を紹介する映画が9月に完成し、9月14日に三好稲荷、15日に熱田、16日に平戸橋と、それぞれで公開されている。また、翌年以降には、同じく当初に企画していた各地の記念石碑完成の様子が記事になっている。このほか、１９２８年4月18日には、オートバイによる新十名所一筆書きツーリングが催されている。

　投票に使用されたはがきのその後についても、新愛知は記事にしている。「高さ三十五尺のハガキ塔を愛知郡の野並相生山に建立」するとして、「ハガキ二千萬枚」を牛15頭に曳かせて運ぶ様子を8月13日付夕刊に写真掲載しており、また活動フィルムでも収めたとい

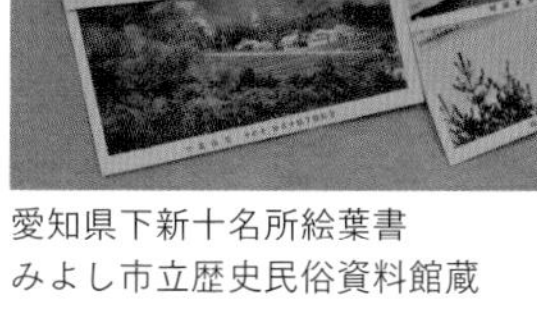

愛知県下新十名所絵葉書
みよし市立歴史民俗資料館蔵

相生山に建立され、戦後修復されたハガキ塔

う。翌年9月12日に当時の商工大臣中橋徳五郎揮毫の文字を掲げたハガキ塔が竣工した記事がある。

思わぬ副産物も

この愛知県下新十名所選定は、新愛知による中部日本各府県の新十名所選定事業の第一弾であった。新愛知はその後、10月10日に岐阜県下新十名所を選定している。このほかに1929年には福井県と石川県についても選定した旨を報じている。このように活況を呈していた新十名所選定事業も、以降は見られなくなる。これはいわゆる昭和恐慌を経て、やがて戦争へと至る社会情勢の影響といえよう。

選定にかかるあの熱狂もほとんど忘れ去られて、その記憶は各地の石碑や戦後に修復された相生山のハガキ塔にかろうじてとどめる程度であるが、一部ではこの選定事業の影響が、思わぬ結果を生んでいる。第二位となった三好稲荷に、新十名所選定記念などとして、1929年に高さ10・6m、幅6・2mの手作りの大提灯が寄付され、その後、これが三好稲荷の夏季大祭に奉納されるようになり、現在は3基が8月の大祭に掲げられている。この奉納行事自体が、1994年、みよし市（当時は三好町）の無形民俗文化財に指定された。さらに2017年には、3基のうち高さ10・81m、幅6・5mの1基が「最大の吊り下げ提灯」として、世界一に認定されている。

メディアが企画し、地域住民総出で作り出された名所が、当初の意図や思惑を超え、その先に新たな名所や名物を作り出していく。名所にはそのような効果もあるといえる。

三好稲荷の応援団を紹介する絵葉書
みよし市立歴史民俗資料館蔵

現在の三好稲荷。鳥居や狐の手前に新十名所選定記念の石碑が建っている

Ⅱ
忘れられた名所

ナゴヤアイスパレス（1954年）「夜の観光バス」

明治・大正・昭和の聖蹟

【半田市・武豊町・豊橋市・豊明市・稲沢市・名古屋市】

文／伊藤厚史

明治維新と新政府の業績

1867年（慶応3）の大政奉還、王政復古の大号令により天皇が近代国家の主権者とする中央集権体制を採用した新政府が樹立された。1868年戊辰（ぼしん）戦争が勃発、旧幕府軍との戦いのなか、五箇条の御誓文の公布や京都御所にいた天皇を東京の江戸城に移して皇居（宮城）と定めたり（東京奠都（てんと））、明治への改元を実施したりした。1869年（明治2）5月函館戦争（戊辰戦争）が終結すると、6月には版籍奉還をおこない、国家の体制を固めていった。後にアジア初の大日本帝国憲法を発布し、唯一欧米の植民地とならなかったことは評価される。日本国民は長い日本歴史のなかで、最も記憶にとどめていなければならない事績である。

……と、高校日本史の授業で習った。明治人の業績ととらえがちであるが、彼らは江戸後期の生まれ育ちであるので、江戸時代人が偉かったと思う。

六大巡幸

一方明治天皇は、1872年の九州、西国、1876年に東北、北海道、1877年に京都、奈良、1878年に北陸、東海、1880年に山梨、東山道、1881年山形、秋田、北海道、1885年の山口、広島、岡山と各地へ巡幸した。この合計6回の巡幸は六大巡幸と呼ばれている。皇威宣揚など新政府の政策遂行を天皇自らも実施したのである。

大本営　知多郡半田町
『愛知縣史蹟名勝天然紀念物調査報告』

五箇条の御誓文
半田市乙川源内林町
乙川白山公園

大本営御座の間　知多郡半田町
『愛知縣史蹟名勝天然紀念物調査報告』

東京奠都を原型とする巡幸は、政治の表舞台である東京（江戸城）に天皇を迎えることで、江戸幕府に代わって天皇に支配の正当性があることを民衆にアピールすることにあったようだ。六大巡幸は、これを日本全国に拡大したもので、国家の支配者としての天皇像を全国の民衆に浸透させる効果があったといわれる。それと同時に地方で出迎える官僚や地方有力者の権威や地位をも高めることとなった。また陸海軍大演習の統監により天皇が軍の最高指揮官であることを内外に示した。

こうした地方巡幸は、一過性のものであったが、天皇が立ち寄った休憩所や宿泊所など巡幸の足跡は、その後国家（文部省）により国の史蹟（聖跡）に指定され、後世まで継承されることになった。

愛知県内を迎幸された天皇の足跡をみていくことにしよう。

明治天皇半田大本営及旧址

陸海軍聯合大演習御統覧のため、１８９０年３月30日、31日大本営を半田町小栗富次郎宅に置いた。31日は乙川（おっかわ）の西北、白山社境内や半田町字雁宿（かりやど）の丘において戦況を視察した。午前11時25分大本営に帰還した。昼食後名古屋の東別院大本営に戻った。

大本営建物は、その後雁宿の丘に移築され、１９３３年（昭和８）11月２日文部省告示第３１３号をもって史蹟として指定された。現在は、半田市雁宿町３－２０４－１にある雁宿公園（北エリア）となっている。雁宿の丘は、陸海軍の聯合大演習がおこなわれた際、明治天皇が統監のために滞在した地であった。１９１３年（大正２）その記念公園として開園された。

明治天皇雁宿御野立所

雁宿の丘は、もと畑であったが、

明治天皇乙川御野立所
半田市乙川源内林町
乙川白山公園

駐蹕御趾
半田市乙川源内林町
乙川白山公園

明治天皇駐蹕碑
半田市雁宿町
雁宿公園

明治天皇雁宿御野立所
半田市雁宿町
雁宿公園

公園となり、中央に東西27m、南北18m、高さ４mの楕円丘を造り、頂上に高さ約４mの「明治天皇駐蹕（ちゅうひつ）碑」を建てた。「明治天皇雁宿御野立所」碑も建てられている。

明治天皇乙川御野立所

半田市乙川源内林町（おっかわげんないばやしちょう）の乙川白山公園には、御統監四十周年を記念して建てられた五箇条の御誓文を刻んだ青銅碑、「駐蹕御趾」、「明治天皇乙川御野立所」の記念碑が建てられている。１８３４年11月1日文部省告示第２６９号をもって碑を中心に史蹟に指定された。

明治天皇長尾山御野立所

知多郡武豊町字迎戸一帯（現在武豊町字長尾山２）に所在した標高32mの丘陵上に位置する。聖跡は、中腹にあった鳳翔閣と頂上の観兵台と称する御野立所である。

１８８６年、明治天皇が武豊港へ行幸されるとの内報があり、古場村澤田儀左衛門、武豊町永尾了観、小山佐吉は、私財を投じて翌年1月和洋折衷の建物を建て、鳳翔閣と命名された。

１８８７年孝明天皇二十年式年祭京都行幸の後、2月23日武豊に立ち寄られ、長尾山に行幸された。

当時皇太子（のち大正天皇）も、１８９１年、１９０１年長尾山に行幸され鳳翔閣において昼食をとられている。

１９３３年、半田大本営と共に史蹟に指定された。現在は武豊町役場がおかれ、敷地内に「鳳翔閣」の碑が建てられている。

明治天皇豊橋行在所

１８７８年、10月28日岡崎駅に御駐泊、その夜の暴風雨のため豊川に架かる豊橋（とよばし）が流出した。急遽工事により大工約70人を動員して仮橋を30日午前11時に落成させた。30日午後３時過ぎ下地村に御着輦（れん）、輿にて豊橋（とよばし）を通御、再び馬車にて午後４時豊橋行在所悟眞寺に御着

明治天皇下津御小休所
中島郡稲沢町

明治天皇御小休所
愛知郡豊明町東阿野

鳳龍翔閣　知多郡武豊町

御野立所　愛知郡天白村八事

明治天皇行在所御座の間外観
豊橋市関屋町

大正天皇御昼餐所　愛知郡天白村

＊このページの出典は『愛知縣史蹟名勝天然紀念物調査報告』

輦した。31日午前6時30分豊橋行在所御出輦二川町に向かわれた。

明治天皇東阿野御小休所

愛知郡豊明村大字東阿野字滑、三田忠雄方は、明治天皇の御小休4回をかぞえる。また皇后は2回、英照皇太后は3回、皇太子（大正天皇）は1回あった。

１９３５年３月26日文部省告示第80号により史蹟に指定された。

明治天皇下津御小休所

１８７８年10月25日、岐阜県から愛知県に向かった。葉栗郡黒田村善龍寺、中島郡一宮村佐分利新右衛門方で休憩し、午後1時5分中島郡稲沢町大字下津字西下町（現在稲沢市下津町西下町）、森部武雄方に御着輦した。午後1時35分御出輦された。

東阿野御小休所、八事御野立所と共に１９３５年史蹟に指定された。

明治天皇八事御野立所

愛知郡天白村大字八事字八幡、標高58ｍの丘陵東端に位置する。

１８９０年、陸海軍聯合大演習に際し、４月２日午前８時20分この場所において平針街道においての戦況を御統覧された。

１９１３年11月13日、陸軍特別大演習がおこなわれ、再び御野立所となった。天白川をはさんで対峙する両軍の戦況を御統覧された。碑のある所が大正天皇御野立所の場所である。

昭和二年陸軍特別大演習

昭和に入って初めての陸軍特別大演習が愛知県で実施された。天皇は名古屋離宮を出輦、東西両軍の戦況を御統覧した。庄内川を眼下に小幡丘陵からも戦況を御統覧された。そのそばに「大元帥陛下御統覧之跡」の碑が建つ。その後豊橋へ巡幸された。「聖跡」碑が向山に皇居を向いて建つ。二川岩屋観音そばに「駐蹕之趾」碑が立つ。

聖蹟　豊橋市向山町

大元帥陛下御統覧之跡
名古屋市守山区川東山

昭和２年陸軍特別大演習

駐蹕之趾　豊橋市大岩町

昭和２年行幸　第三師団司令部

＊上２枚の写真の出典は『昭和二年陸軍特別大演習並地方行幸愛知県記録』

時代劇界の大御所が小牧に展開した娯楽の殿堂【小牧市】

文／加美秀樹

日本映画界の花形俳優

日本映画界に於いて、無声映画時代から始まり戦前・戦後を通じて銀幕で活躍した稀代の剣戟俳優・片岡千恵蔵（本名・植木正義）が、かつて小牧に居住しレジャーランドを経営していたことは、年配の方ならよくご存じだろう。

片岡千恵蔵は、阪東妻三郎、大河内傳次郎、嵐寛寿郎、市川右太衛門、長谷川一夫と共に「時代劇六大スター」として日本映画界を牽引した立役者の一人で、私の好きなチャンバラ役者の一人だ。「國士無双」「赤西蠣太」「鴛鴦歌合戦」「血槍富士」「大菩薩峠」三部作などの代表作のほか、邦画史上最も多く製作された忠臣蔵映画では、大石内蔵助をはじめ重要な役どころには欠かせない俳優だった。また現代劇でも、戦後GHQがチャンバラ映画を禁止した時代には、探偵映画「多羅尾伴内」シリーズの主演でも人気を博した。

時代を先取りする実業家

時代劇の花形スターで東映の取締役でもあり実業家としても定評のあった千恵蔵が、名神高速道路小牧インターチェンジ南に1万2000㎡の土地を取得し、東急と提携して1968年（昭和43）に総合レジャーランド「小牧ハイランド」をオープンした。65年に名神高速道路、69年に東名高速道路が全線開通するが、双方の終点に当たる小牧インターチェンジは、レジャー施設の建設には恰好の場所だったといえよう。

共石千恵蔵スタンド

ハイウエイプール

レストラン千恵蔵

小牧ハイランド パンフレットより
佐々木順一郎氏蔵

小牧ハイランドは、モータリゼーションを視野に入れたドライブインの需要に応え、26レーンを完備し深夜0時まで営業する本格的なボウリング場「ハイウェイボウル」を中心に、1階が軽食・喫茶室で2階では洋食・ステーキが食べられる「レストラン千恵蔵」、7・8月夏期限定営業の「ハイウェイプール」、給油や整備のサービスステーション「共石千恵蔵スタンド」、その他ビリヤード場や千恵蔵が終生愛したマージャンが楽しめる部屋なども完備。誰もが楽しめる大衆娯楽施設として、大いに賑わったという。また名古屋の御園座などに出演した松方弘樹、水谷良重、仲曽根美樹ら多くの俳優や歌手が訪れ、地元の人々との交流も伝わっている。

70年前後に全国で一大ブームを巻き起こしたボウリングだが、ブームを先取りした千恵蔵の実業家としての先見の明が覗える。72年のゴールデンウィークには、自らの名を冠した小牧千恵蔵ランドへと名称変更もおこなっている。

映画スターの小牧での顔

千恵蔵は開業に向けて現地へと乗り込み、村中新田の小川屋本宅離れに半年ほど寓居した後、1967年頃に小牧山北側の間々観音近く、間々本町に家を新築した。村中小学校に彫刻遊具を寄贈し、野口の特別養護老人ホームを慰問し、着物姿で街を闊歩して市民に親しまれた千恵蔵だが、72年頃には小牧生活に終止符を打ち京都へと戻ることとなる。千恵蔵は67歳で紫綬褒章を受章するも映画出演が激減、協力者の大川博東映社長は亡くなり、事業成績も上がらないなどの要因があったとされる。チャンバラスターの夢の城は、今も地元の語り草となっている。

著者の好きな千恵蔵主演のちょんまげオペレッタ「鴛鴦歌合戦」(DVD) と愛読書の文庫版『千恵蔵一代』

小牧市野口の特別養護老人ホームを訪れた千恵蔵（中央）（1969 年）『尾張小牧地名・逸話ものがたり』

東別院 明治天皇の行在所・大本営・新御殿 【名古屋市】

文／伊藤厚史

名古屋市中区橘二丁目8－55に所在する真宗大谷派名古屋別院（東別院）は、「御坊さん」とも呼ばれ、京都の真宗本廟（東本願寺）を本山とする浄土真宗の寺院である。名古屋別院は、1690年（元禄3）一如上人を開基として設立され、1691年二代尾張藩主徳川光友により古渡城跡が寄進され建てられた。境内にある新御殿は、1843年（天保14）建築と考えられている。1878年（明治11）を初め、明治天皇の行幸の途中、名古屋御駐輦の際、新御殿を大本営または行在所に充てられたことが6回あった。

第一回行幸

1878年10月、北陸東海御巡幸を終え、愛知県御巡幸のため、25日午後4時50分御着輦された。26日は愛知県庁、公立医学校（愛知県立医学専門学校の前身）、名古屋博物館（愛知県商品陳列館の前身）、27日は名古屋裁判所、公立師範学校（愛知県立師範学校の前身）、公立中学校（県立第一中学校の前身）、名古屋鎮台に行幸された。

第二回行幸

1880年6月、山梨、長野、岐阜御巡幸の後、30日午後3時20分御着輦、行在所となった。7月2日午前7時御出輦された。

第三回行幸

1887年1月孝明天皇御式年祭の後京都から御還幸の途中、2月21日午後4時40分名古屋駅に着、5時15分御着輦した。夜には名古屋市内有志者並びに豊橋烟火製造人等の献納による烟火を行在所東

戦災前の新御殿

戦災前の東別院本堂

戦災前の行在所・大本営

＊このページの出典はすべて『名古屋の名所旧蹟』

の田において打ち上げた。北広見に馬場を設け、午後2時より名古屋打毬会の打毬を天覧した。また棒の手も愛知郡諸輪（もろわ）、和合、岩崎など9村、西加茂郡八草、篠原、西広見など11村合わせて37組75名が出演した。23日午前10時行在所を出発、名古屋駅から武豊へ向かった。

第四回行幸

1890年年3月陸海軍聯合（れんごう）大演習御統監のため、愛知県に行幸された。3月28日午後5時50分着、御門前に大本営の木札が掛けられた。翌29日には武豊に行幸、日本海軍通報艦「八重山」に御仮泊、30日は半田町小栗富次郎宅に御泊、31日午後4時再び当所に御還された。4月3日には名古屋城三の丸の第三師団司令部に臨御、閲兵式、分列式に臨まれた。同夜東別院及び対面所で大夜会が開かれた。

第五回行幸

1890年5月京都より御還幸の途中、5日午後6時20分皇后と共に着、一泊し翌午前7時御出輦された。

第六回行幸

1894年9月日清戦争のため、大本営を広島に進められた。その途中、9月13日午後6時40分御着輦大本営が置かれた。翌14日午前8時40分広島に向かって御発輦された。

新御殿

「明治天皇行在所旧址」の碑が1917年（大正6）建てられた。新御殿の主要部や庭園も残されたほか、行在所や御泊所の札、大本営の札、1887年の行幸啓の際の調度品も残されていた。1933年（昭和8）11月2日史蹟に指定された。1945年の空襲により東別院の建物は焼失。庭園の一部が残る。

行在所碑
名古屋市中区橘二丁目

大本営碑
名古屋市中区橘二丁目

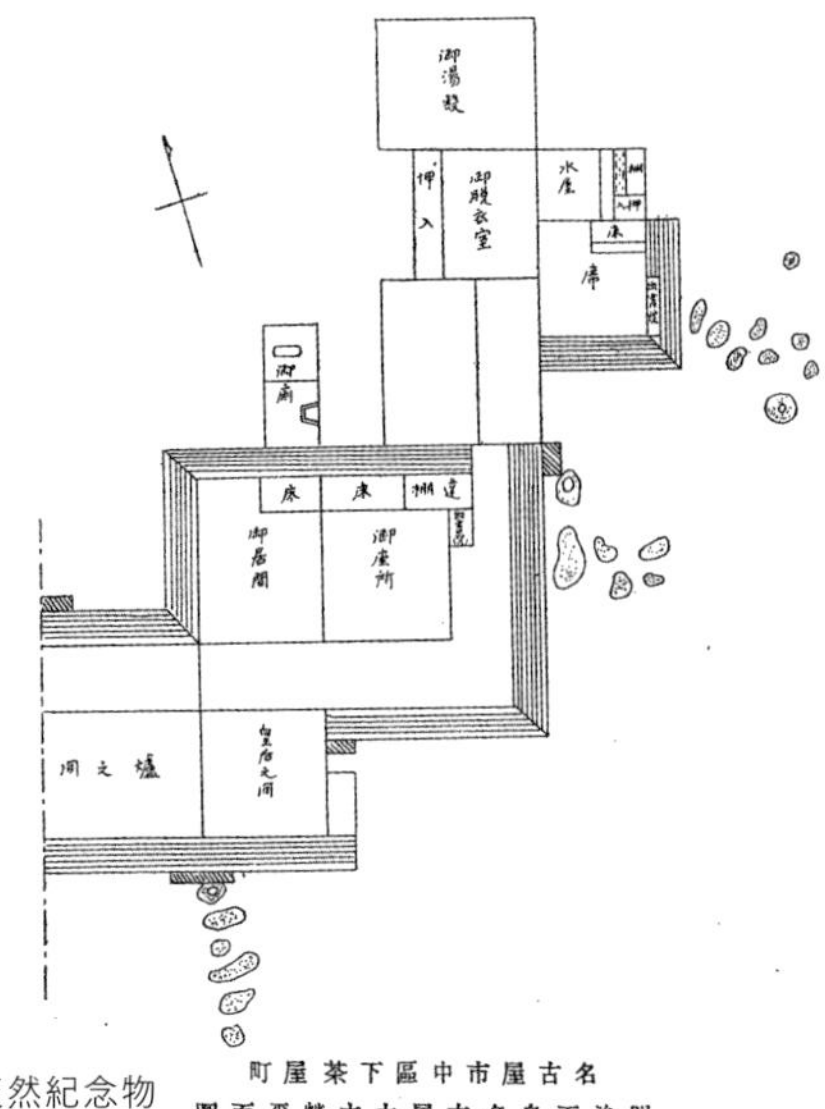

新御殿平面図
『愛知縣史蹟名勝天然紀念物調査報告』

鶴舞公園にあった金閣寺を模した貴賓館【名古屋市】

文／寺西功一

博覧会場につくられた建築物

鶴舞公園内にある歴史的な建造物といえば、噴水塔、奏楽堂、公会堂を挙げる人が多いだろう。

太平洋戦争前までは、聞天閣（もんてんかく）（「ぶんてんかく」とも）という金閣寺に似た建物があったことをご存じだろうか。残された写真を見ると、なかなか気品のある優美な建築である。残念ながら、1945年（昭和20）の空襲で焼失してしまったとされている。

1910年（明治43）に開催された第十回関西府県連合共進会は、名古屋を近代都市に飛躍させる契機となった。その会場に貴賓館として建築されたのが聞天閣である。設計施工は名古屋の宮大工、鈴木幸右衛門。場所は鶴舞公園の東南に位置する丘陵、吉田山である（標高約15m）。初代名古屋区長を務めた吉田禄在（ろくざい）の別荘があったことに由来し、かつては砦山とも呼ばれたという。

当初貴賓館とされたが、博覧会終了後は九皐閣（きゅうこうかく）と命名され、のちに聞天閣と改称された。中国の古典『詩経』の「鶴鳴于九皐 声聞于天」が引用元である。つまり、鶴が深山で鳴くとき、その声は天にまで届くということから、名古屋市長だった阪本釤之助（さんのすけ）が名づけたとされる。

青銅製の鳳凰が飾られた

先に触れたように、記念館は京都の金閣を模した華麗な建物であった。

中央右端に描かれている貴賓館　第十回関西府県連合共進会全図（1910年）部分

本館は二階建てで、こけら葺の純日本建築。木曽の御用林から切り出したヒノキやサワラなどが使われた。屋根の中央には青銅製の鳳凰が飾られていたという。

客室は2間で合計35畳。次の間は16畳2間であった。隣接する玄関とは廊下で結ばれたが、入母屋造で御殿のような趣。玄関には古銅の大花瓶、床の間は狩野元信の龍虎の二幅が掛けられ、ザクロの古木の盆栽も置かれるなど、調度品に名品が使われた。

1928年に鶴舞公園で御大典奉祝名古屋博覧会が開催されるが、ここでも聞天閣は迎賓館として使用された。翌年には愛知県商品陳列館の敷地にあった猿面茶席と松月斎（しょうげつさい）が聞天閣の北側に移築されている。

焼失、そして残された遺物

戦時中、鶴舞公園は高射砲陣地となり、軍事施設として使われることになった。吉田山一帯の陣地整備のため、聞天閣は解体保存されることになったという。

その前にも、防火訓練中の火が飛び火して火災騒ぎになったりしていたが、復旧翌年の1942年に名古屋市の参事会で解体が決定。名古屋市政資料館の「聞天閣解体及整理工事」によると、解体費用は9500円だったとされる。

公園内に解体保管中であった聞天閣の木材は焼夷弾が落ちて焼失してしまったようだ。

屋根を飾っていた青銅製の鳳凰は、経緯はわからないが名古屋城に保存されている。

戦後、ここには屋外スタジアムがつくられたが、1959年の伊勢湾台風で大被害を受け取り壊される。1964年からは野球場として使われた。

聞天閣

第十回関西府県連合共進会の会場遠景（会場の南より撮影）。都市化する以前の様子が見てとれる。右端に小さく聞天閣が見える。

名古屋市中区連合青年団協議懇談会（1927年）『御大典記念写真帖』名古屋市鶴舞中央図書館蔵

東山観音絵はがきの謎【名古屋市】

文／村瀬良太

東山観音絵葉書の謎

愛知県図書館の絵葉書コレクションに「東山観音絵はがき」がある。発行は東山観音講社本部で、十一面観音と思しきイラストの描かれた外袋に3枚の絵葉書が封入されている。

東山観音とは、かつて東山動物園の正門から南西へ150mくらい離れた場所にあった、高さ三丈三尺（約10m）の木造の十一面観音像のことで、1937年（昭和12）から1941年までの4年間、同地にて安置されていた。ただ本堂は建設されず、仏像は仮設の建屋に覆われた状態だった。

当時、木造では世界最大級と謳われた観音像は、1937年に開園した東山動物園とあわせて、多くの衆目を集めたという。

おそらく東山観音絵はがきは、そんな名古屋の新名所のために制作されたと考えられるが、肝心の観音像を撮影した写真がない。また3枚の絵葉書も、実際に観音像が安置された唐山町（現東山元町付近）を天橋立よろしく又のぞきした姿を写したものの他は、1kmほど離れた鏡ヶ池とその側にある大悲閣天照寺の仏壇を撮影したもので、ずいぶんチグハグな印象を受ける。

あるいは、本来はもっと多数の写真が封入されていたが、愛知県図書館のものは、この3枚のみが残されたものだったのかもしれない。

夕月亭股のぞきより・唐山の勝景を見る　東山観音絵はがき　愛知県図書館蔵

鏡池畔り遊園地より本部を望む
東山観音絵はがき
愛知県図書館蔵

十一面観音と伊藤和四五郎

もう少し十一面観音について触れたい。この観音像は養鶏産業で財を成した伊藤和四五郎（わしごろう）の発願により制作された。

貧しい農家に生まれた伊藤は、子供の頃から熱心な仏教の信者だったらしく、特に観世音菩薩を信仰した。やがて56歳で隠棲し事業を息子らに譲ると後世に残る観音像の建立に奔走する。

このとき仏師に選ばれたのは、当時27歳だった若手仏師門井耕雲で、門井は長州大工の流れを汲む。京都にいるとき伊藤に腕を見込まれたという。

資金調達や檜の巨材を台湾の阿里山から求めるなど苦労を経て、１９３１年に4年の歳月をかけて観音像は完成する。そして、この年の９月24日、アトリエとしていた覚王山大龍寺にて７人の各宗管長を迎えて開眼式がおこなわれ、式典には大勢の観衆が押し寄せた。

ただその後は本堂の建設に資金が集まらず、伊藤は名古屋市に寄贈を持ちかけたが、断られている。結局、東山公園正門近くの乾山に１万坪の土地を求めて仮の安置所を建て、ここに観音像を移した。なお、本堂の設計は株式会社魚津社寺工務店の棟梁魚津弘吉がおこなったが、実現しなかった。

一時は大勢の衆目を集めた観音像だったが、１９４１年の日中戦争のさなかに日華親善交歓の目的のため南京に贈られた。伊藤も南京を訪れ奉迎供養に参列したという。

その後、戦禍をくぐり抜けた観音像は、長く現地の人々に親しまれたが、１９６６年ごろ文化大革命に乗じて破壊されたという。

開眼供養に臨む伊藤和四五郎と門井耕雲

上・右の写真は、二つの観音様を考える会（天竺桂尚穂氏）提供
角田美奈子氏協力

十一面観音菩薩立像

「美の魔法」にかけられた蓮田【津島市】

文／園田俊介

かつて「見渡す限りの極楽浄土」、「塵界（じんかい）に在（あ）るを忘れしめる」などとその幻想的な情景を讃えられ、「magic with the beauty（美の魔法）」と英文でも紹介された一大景勝地。この場所が現在の津島市内にあったことをご存じであろうか。

天王川公園から北へ向かう橋詰町三丁目・池須町・寿町の一帯は、100年ほど前まで一面の蓮田が広がり、「池須の蓮田」と呼ばれた（図1）。この蓮田は津島神社のすぐ東側に位置するため、初夏の花が咲き誇る頃には参拝客が口々にその情景を褒め称えた。周辺には蓮を鑑賞するための瀟洒な茶席、数寄屋、蓮観台、料亭が建ち並び、周囲からは時折風に乗って弦歌が聞こえてくるなど、大変風情があったという（図2）。

「名所」は絵や写真、映像などで世に広く紹介するものである。津島の場合、江戸前期は屏風絵、江戸後期から明治前期は精巧な版画や錦絵を制作し、津島神社や天王川（天王祭）の魅力を存分に宣伝していた。1900年（明治33）に写真絵葉書が登場すると、津島でも地元の名所を写した絵葉書のセット販売が始まった。この時美しい風景として知られつつあった「池須の蓮田」も入り、「名所」のひとつとなったのである（図3）。

「池須の蓮田」の誕生

池須の蓮田は古くから存在していたわけではなく、その由来は江戸時代後期の1785年（天明5）、尾張藩が治水工事の一環と

図1　蓮田のあった時代の津島町地図（1910年）

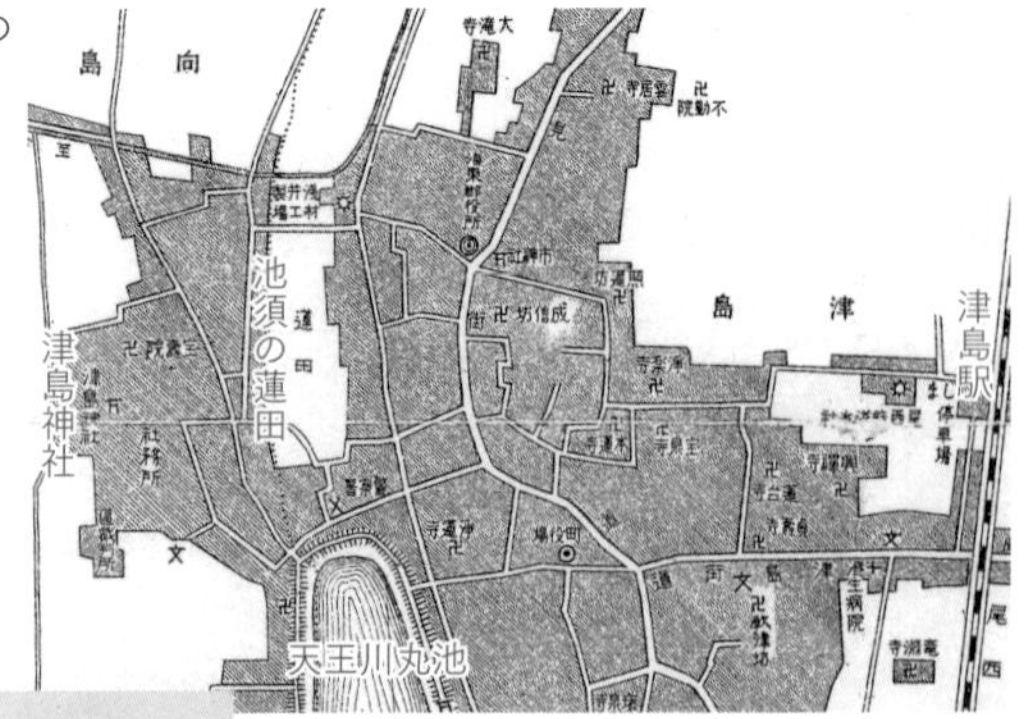

図2　雨に煙る池須の蓮田と花を鑑賞する旅客。右端の番傘は付近にあった藤浪旅館の貸し傘である。1900年ごろの写真

＊本項の図版はすべて津島市立図書館提供

して天王川を堰き止めたことに始まる。天王川の跡地は佐屋川との合流部付近（現在の天王川公園丸池）を残して埋め立てられ、池須を含む一帯は水田となった（図４）。１８３０年代（天保年間）、津島の西隣にあった立田輪中（現在の愛西市）で新たに作付けした蓮根が大成功を収めた。泥湿地の多い津島でもこれにならって切り替えが進み、明治初期までには池須一帯も蓮田となった。これが「池須の蓮田」の誕生である。

明治中期になると、池須の蓮田は観光案内本に津島神社・天王川に並ぶ名所として紹介されるようになり、間もなく写真絵葉書が登場すると不動の地位を確立した。明治後期には、花の開く音を聴く人、紅白に点在する花を愛でる人、馥郁とした香りを楽しむ人、蓮飯や新作の蓮菓子に舌鼓を打つ人、短歌俳句や漢詩を詠む人などが次々訪れ、その風雅な景勝に深く魅了されたという。津島出身の国際詩人として知られる野口米次郎も、冒頭で示したような英文と自身の絵（図５）で故郷の風景を海外に紹介している。

この池須の蓮田は、１９１９年（大正８）11月、突如として終焉を迎えた。この年、津島町は天王川公園の開設に着手したが、その一環として天王川公園・津島駅・津島神社を結ぶ幹線道路建設のため、蓮田を埋め立てたからである。その後間もなく一帯は各種商店、酒場、食堂、遊技場、芸妓置屋、映画館などが次々建設され、一大歓楽街に発展。池須は「新天地」と呼ばれ、艶やかな女性が闊歩する「動く蓮の花」の地として新たな名所となった。

近年、池須の再開発が進むと町並みは一変し、蓮田はもちろん、新天地の面影も消えてしまった。

図３　明治30年代に販売された手彩色絵葉書。タイトルに津島神社前の蓮とある

図４　津島天王宮建之図（1791年ごろ）より、水田となった直後の池須の様子

図５　『The story of Yone Noguchi』（ヨネ・ノグチの物語）より、挿絵 LOTUS LAKE AT　TSUSHIMA（津島の蓮池）（1915年）

海水浴場からコンビナートへ【知多市】

文／真田泰光

臨海部の展望

名鉄常滑線を名古屋から中部国際空港方面に乗車する、または自動車で西知多産業道路を南下すると、東海市から知多市の日長川河口までの区間では、右側に工場や煙突が立ち並ぶ様子が見られる。発電所や製油所、製鉄所など多数の企業が所在し、東海地方の産業を支えているこの一帯は沿岸部を造成した埋立地であり、埋め立て前の1960年代以前には今とまたく異なる風景が広がっていた。

一大リゾート地の開発

明治時代末、半農半漁の地であった知多半島の西海岸に大きな変化がもたらされた。電気鉄道の開通である。1912年（明治45）に一部（伝馬町－大野）、1913年（大正2）に全線（神宮前－常滑）を開通させた愛知電気鉄道（現在の名古屋鉄道）は、常滑線が沿岸部を走ることから海水浴客の誘致に力を入れ、大野（常滑市）、新舞子（知多市）などの海水浴場の整備を進めていった。

兵庫県の舞子浜と風景が似ていることから名づけられた新舞子には、昭和初期までに海水浴場の桟橋と休憩所や旅館、和洋折衷の文化住宅が並ぶ別荘住宅地、動植物園、水族館、当時としては珍しい夜間照明付きのテニスコートなどが整備された。1927年（昭和2）には新たに長浦海水浴場が整備され、コンクリート製の「タコのターちゃん」も設置された。1956年に新設された、持ち上げ

長浦付近の海岸沿いを走る鉄道（1913年）

新舞子海水浴場（昭和初期）

＊本項の写真はすべて知多市歴史民俗博物館蔵

た足からシャワーが出る「タコのコーちゃん」とともに、タコのモニュメントは長浦海岸のシンボルとして親しまれることになる。その他、古見や日長にも海水浴場があり、これらの海水浴場はそれぞれ鉄道駅のそばの好立地に位置していた。知多市域沿岸部は鉄道交通により海水浴を中心とした一大リゾート地として栄えたのだった。

コンビナートへの転換

昭和30年代、日本各地で工業への設備投資が進み、好景気の時代に突入する。その流れは名古屋港南部に位置する知多半島西海岸にも及び、１９６０年から沿岸部は順次埋め立てられ、コンビナート化が進んでいくことになる。それに伴い日長以北の海水浴場は廃止、明治時代以来のリゾート地としての役割を終えて、知多市域はサラリーマンのベッドタウンとしての性格を強めていった。廃止となった長浦海水浴場の「タコのターちゃん」は、その頑丈さから解体撤去ができなかったため、一部が現在も長浦駅西側を通る西知多産業道路の地下に埋められたままと言われている。いずれ、この海水浴場のシンボルが掘りおこされ、再び姿を見せるときもあるかもしれない。

一方埋め立ての範囲外だった新舞子海水浴場は、太平洋戦争や１９５９年の伊勢湾台風も乗り越え、「名古屋から最も近い海水浴場」として営業を続けた。１９９７年には新舞子沖に埋め立てられた人工島内に「新舞子マリンパーク」が開設され、場所を移した現在もレジャースポットの役割を果たしている。

埋め立ての様子を南から望む（昭和 40 年代）

長浦周辺で進む埋め立て（昭和 40 年代）

長浦海水浴場のタコのターちゃん（1952 年）

幻の内海サンドスキー場 【南知多町】

文／森 崇史

東海地区有数の海水浴場として知られる内海に、かつてサンドスキー場があったことはよく知られている。この地は、毎年冬季に海岸から吹き上げる微粒純白の硅砂が山の斜面に降り積もった場所である。

観光地として発展した内海

内海をはじめ、南知多の各地に多くの海水浴客が訪れるようになったのは明治時代中頃のことである。その後、巡行船による海上交通や国鉄武豊駅と南知多を結ぶ陸上交通の整備、旅館の開業などにより、内海を中心に観光地としての形が整えられていった。観光地・南知多の宣伝に努めたのが、尾州廻船内海船の有力船主であった内田佐七家の四代佐七を中心とする知多自動車株式会社であった。佐七らは、「海水浴は南知多へ」とポスターやリーフレットなどを作成し、いろいろな形でPR活動を展開し、昭和時代になると別荘や貸別荘も目立つようになった。

中野静がサンドスキー場を発見

観光客で賑わう内海にサンドスキーができる場所を発見したのは、名古屋の中野塾主・中野静だった。

当時中野は、勉強に明け暮れる塾生のために心身休養となる楽しみごとを探しており、名古屋近辺の地を探し回っていた。そして、内海の「白山」と呼ばれる砂山の山頂から見る眺望や純白で極微粒の硅砂などが気に入り、長年探し求めていたものを発見したと直感し、白山の麓に別荘を建てること

観光ポスター（昭和初期）

＊本項の図版はすべて南知多町蔵

を計画した。

1932年（昭和7）3月、中野は、別荘建築の監督のため内海を訪れた際に白山にも立ち寄り、そこで近所の子どもが板片に乗って斜面を滑り降りるのを偶然見かけた。この山でスキーができるのではないかという考えが頭に浮かんだ中野は、自身の三男を白山に連れていき滑らせたところ、思っていたよりよく滑ったことからスキーができると確信するようになった。

サンドスキーの研究

同年5月、中野は、父の教え子で「名古屋新聞」（中日新聞の前身の一つ）の社長を務める與良松三郎を訪れ、サンドスキー研究の協力を申し出た。與良は快諾し、名古屋新聞後援の下で、名古屋アマチュアスキー倶楽部会員の応援を得てサンドスキーの研究が進められた。

研究の障壁になったのは、砂の摩擦力と熱であった。これを克服したのが塗油法で、会員たちは、百数十種類のワックスやオイルを用いて数百回にわたる試走を繰り返し、ゴマ油と数種の油を混合した油を塗る方法を考案したのである。

こうした努力を経てサンドスキーの研究が終了し、同年6月5日、内海商工会・知多自動車株式会社・地元区主催、名古屋新聞はじめ4社後援の下で、サンドスキー場開場式と記念競技会が開催された。

開場式、記念競技会

開場式当日は、午前中の小雨も上がり、競技会がおこなわれる午後は快晴となった。名古屋・岐阜はもちろん、京都や大阪各地から競技会参加者が集まり、来場者が

開場式で披露された新作サンドスキー踊り（1932年）

2万人余となるなど盛会であった。競技会では、2㎞リレー・1㎞レース・300m滑降などがおこなわれ、著名なスキーヤー・竹節作太も来場した。

こうして開場した内海サンドスキー場は、国際スキー連盟にも報告され全世界に紹介されるなど、スキー界における驚異の場所として脚光を浴び、オリンピックに出場した麻生武治など著名なスキーヤーたちも訪れ絶賛された。

サンドスキー場の概要

開場当時のスロープは、7スロープと1ジャンプ台で、中央部にはスキー神社があった。各スロープの長さは60m～135m、傾斜は20度程度まで、ジャンプ台はアプローチ（長さ12m）・ランディングバーン双方とも砂を打ち固めたものであった。また、滑走タイムは100mを2秒前後で、ジャンプは竹節が8mを跳んだ記録があり、木造のアプローチを組めば20mは可能と推測された。スキー場一周の1㎞コースの記録は6分53秒（開設当初）であった。

賑わったサンドスキー場

サンドスキーが広く紹介され、地元区民はもちろん、同好者たちが多く訪れるようになると、スキー場の設備充実が求められるようになった。そこで、地元区の立案でスキー場入口に浴室を備えた売店を設け、スキー場と浴室を無料とし、店内で貸スキーもおこなった。そして、休憩所・売店・海の家・遊戯場などの設備が次々と整えられ、「内海サンドスキー小唄」もつくられた。

サンドスキー場のPR、貸スキーをおこなったのは知多自動車株式会社であった。知多自動車株式会社は、サンドスキー場のPR

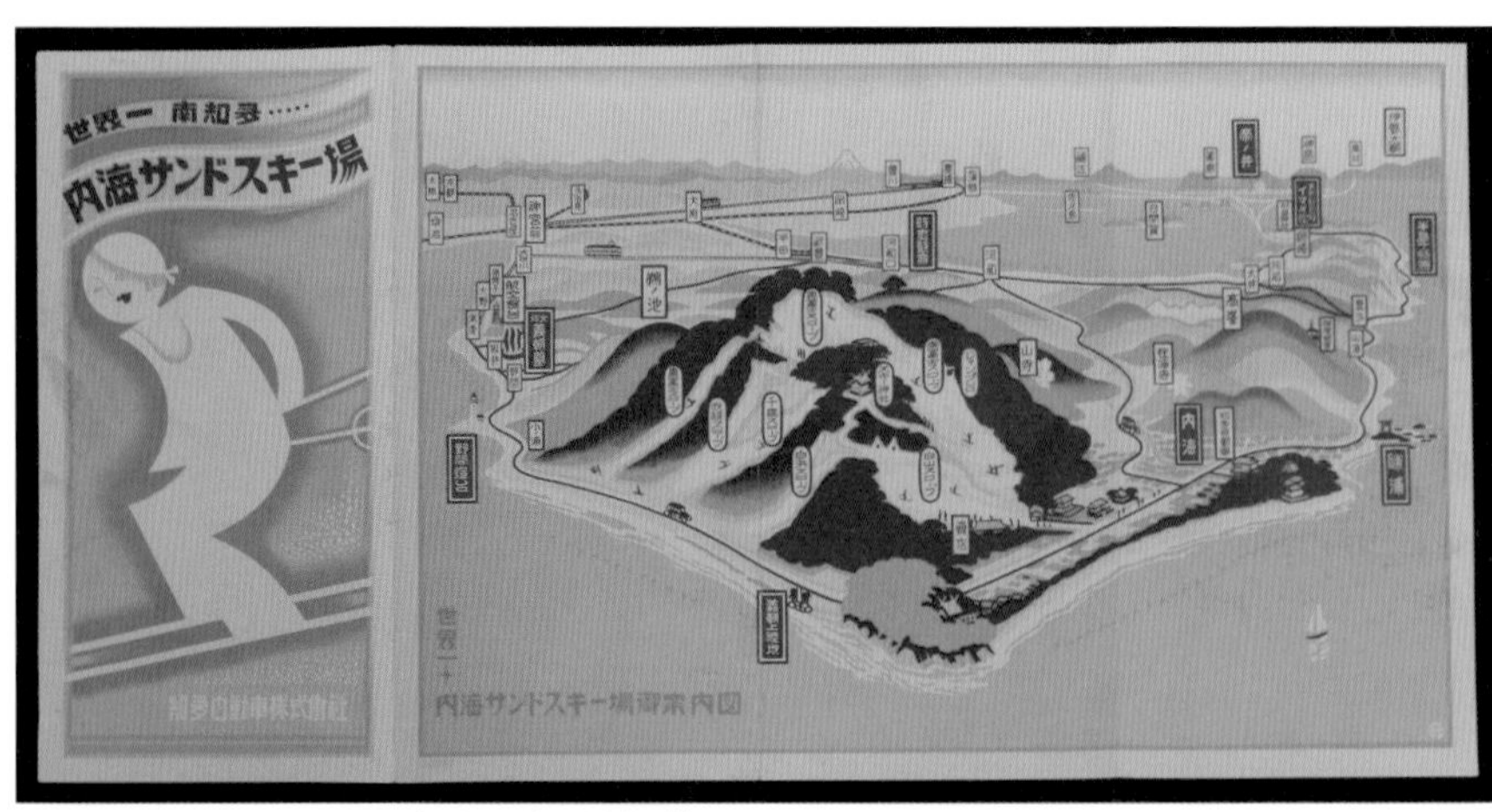

サンドスキーリーフレット（昭和８年以降作成）

写真を撮影し、サンドスキー場のリーフレットや絵葉書を作成するなどPRに努めた。撮影した写真の中には、芸妓や水着姿の女性がサンドスキーをしているPR専用のものもあった。また、夏季の暑い時期は夜間練習者が多くなることから、二つのスロープに電灯を設置しナイタースキーができるようにした。スキー板やストック、ナイター用照明器具などは、四代佐七の自宅である旧内田家住宅（国重要文化財）に現在も保管されている。

サンドスキー場の終焉

このように大いに賑わったサンドスキーも、戦時体制が進むにつれ状況が変わっていった。スキー場の砂は鋳造原材料として軍需工場へ運ばれ、わずかに小スロープが残るだけとなり、サンドスキー場としての形もなくなっていった。

戦後は残った斜面を使って、地元の人々などが昭和40年代頃までサンドスキーを楽しんでいたが、今では樹木が生い茂るようになり、サンドスキーができる場所はなくなってしまった。

サンドスキー場（1935年頃）　四代佐七がガラス乾板を使って撮影したもの。内田佐七家には数多くのガラス乾板が残されている

ナイタースキーのようす。奥の建物は休憩所、売店等と思われる

この当時、内海には多くの芸妓がいたことから、佐七が観光宣伝も兼ねて撮影したものとも考えられる

旧サンドスキー場入り口付近に残る「中野静之碑」（1936年）　與良松三郎建立

懐かしの「うさぎ島」と「猿が島」【西尾市】

文／三田敦司

「うさぎ島」「猿が島」と聞くと昭和50年代の小学生当時には、何とも魅惑的に響いた思い出がある。愛知県の山間部で育った筆者にとって、東幡豆の海岸は潮干狩りができて、愛知こどもの国でも遊べるまさに小学生にとっては楽園であった。

三ケ根山と幡豆の観光開発

うさぎ島・猿が島が浮かぶ東幡豆海岸は、1937年（昭和12）に三河鉄道の蒲郡までの全線が開通した頃から海水浴場として賑わうようになった。

戦後、昭和30年代から三河湾沿岸の観光開発が本格化し、次々に観光施設がオープンした。三河湾の眺望が美しい三ヶ根山には、東幡豆から頂上に登る自動車道が開設され、名鉄バスが運行されるようになった。また、山麓に開発された形原温泉と頂上を結ぶ県内初のロープウェー（1976年廃止）が運転を開始するとともに、山頂近くには、15分間で床が一周する地上3階地下1階の回転展望台（2001年営業終了）が建設され人気を博した。

うさぎ島（前島）

前島は、東幡豆海岸の沖合600mに浮かぶ面積3・3haの島で、1932年には、すでに三河鉄道により海水浴客のための休憩所が設置されていた。干潮時には、砂州で陸地とつながり、干潟は絶好の潮干狩り場となっている。近年は「トンボロ干潟」と呼ばれ、撮影スポットとしても人気がある。

東幡豆海水浴場大シャワーとうさぎ島（昭和30年代）

うさぎ島のウサギたち（1984年頃）『幡豆町の戦後史』

＊本項の写真はすべて西尾市教育委員会提供

1958年に名鉄が島を借り受け、野ウサギ、アンゴラウサギなど8種300羽を放し飼いにし、うさぎ島として観光開発をおこなった。昭和50年代には、うさぎのほかに、モルモット、インドクジャク、キンケイ（金鶏）、ホロホロ鳥なども飼われていた。島内には、色とりどりの「うさぎの家」のほか、芝生広場や遊具もあり、観光客の人気を集めた。

猿が島（沖島）

沖島は、前島からさらに600m沖合に浮かぶ面積6・6haの島で、島の頂上には弁財天を祀る沖島社が鎮座している。

1957年に名鉄がニホンザルを放し飼いにし、猿が島として開園した。猿は島で繁殖し、1980年には102頭が飼われていたとの記録がある。観光客にエサをねだる猿や、中には手荷物を奪う猿もいて子供たちからは恐れられていた。島内には、ニホンザルの展示館があり、猿の生態などが紹介されていた。

うさぎ島・猿が島へは、1958年から東幡豆港と西浦港を往復する観光船が運行されていた。昭和50年代には定員500人の双胴船2隻が運行されており、年間25万人以上の乗船客があったという。昭和の頃には、西浦温泉は社員旅行などの団体客の利用が多く、宿泊客の行楽先としてうさぎ島・猿が島を訪れる場合も多かった。1997年に観光客の減少に伴って2島は閉園となった。

なお、吉良町宮崎沖の梶島でも、昭和40年代に観光目的で鹿とホロホロ鳥が放し飼いにされたが、こちらは数年で閉園に追い込まれた。その後、放置された鹿が植物を食べ荒らして問題になり、1999年に30頭以上が捕獲された。

猿が島と観光船（1958年）

猿が島のサルたち
「広報はず」1992年1月号表紙

とぼねスカイランドと山の観光開発【蒲郡市】

文／平野仁也

消滅したレジャー施設

蒲郡市の中心部からみて北西に位置する遠望峰山（とぼねやま）の頂上付近、旅館「天の丸」が建っている地点の東側に、かつて「蒲郡とぼねスカイランド」という施設があった（図1参照）。開業は1978年（昭和53）6月、人工スキー場をメインとするレジャースポットで、フィールドアスレチックも併設されていた。

1968年に三ヶ根山スカイラインが、71年に三河湾スカイラインが開通し、蒲郡—幸田町—幡豆町の尾根を結ぶ道路が整備された。山の魅力を活かした観光振興が期待されたが、両スカイラインの通行台数は低迷気味で、地元では新しい一手が模索されていた。

そのような折にできたのが、とぼねスカイランドである。

図2は、開業直後に発行された「広報がまごおり」に掲載されたもので、「みなさんの憩いの場、健康づくりの場として大いに利用してください」という一文が付されている。

人工スキー場の仕組み

開業時の人工スキー場の料金は、平日は大人が1000円、子供は500円。土・日・祝日は若干高くなり、大人1200円、子供600円だった。通常のスキー用具を用いることができたが、現地で借りる場合は、スキー板・くつ・ストックの3点で大人1000円、子供500円を要した。

ゲレンデには人工芝がはられて

図1　遠望峰山。山の上に見えるのが宿泊施設天の丸。

図2　「広報がまごおり」（1978年7月号）より

＊本項の写真はすべて蒲郡市博物館提供

おり、プラスチック製のビーズがまかれ、利用者はその上をすべった。すべりをよくするため、おおむね一時間に一回、スプリンクラーでゲレンデに水がまかれた。図3は滑走中の人々を写したものである。図4はスキー場全体の風景で、右手にリフトがあり、山の上に向かっている。左には斜面をすべる人々の姿が見える。上級用・中級用・ちびっこ用の三コースに分けられていた。

人工スキー場のとなりにはフィールドアスレチックがあった（図5参照）。そちらの利用料金は、大人400円、子供200円、40種類の遊具があり、遊びながら体を鍛えることができた。

終焉

開業初年度は1万7000人がスキー場を訪れ、一日の来場者が500人を超える日もあるなど、にぎわいをみせた。しかし、平成の初めころから利用者の減少傾向が顕著となり、1997年3月をもって閉鎖するに至った。最終年度のスキー場利用者数は2041人、営業日数は316日、一日の平均利用者数は約6・5人という低迷ぶりであった。設備は撤去され、とぼねスカイランドは消滅した。

なぜとぼねスカイランドはうまくいかなかったのだろうか。施設の老朽化、人工降雪機の普及、スキーヤーの本物志向などが当時の新聞に理由として挙げられている。

かつてにぎわったところが閉鎖するのはさみしいものだ。例えば、アスレチックはそのままに、スキー場はロング滑り台に変えて残す、などうまい活用方法があったような気がしないでもない。

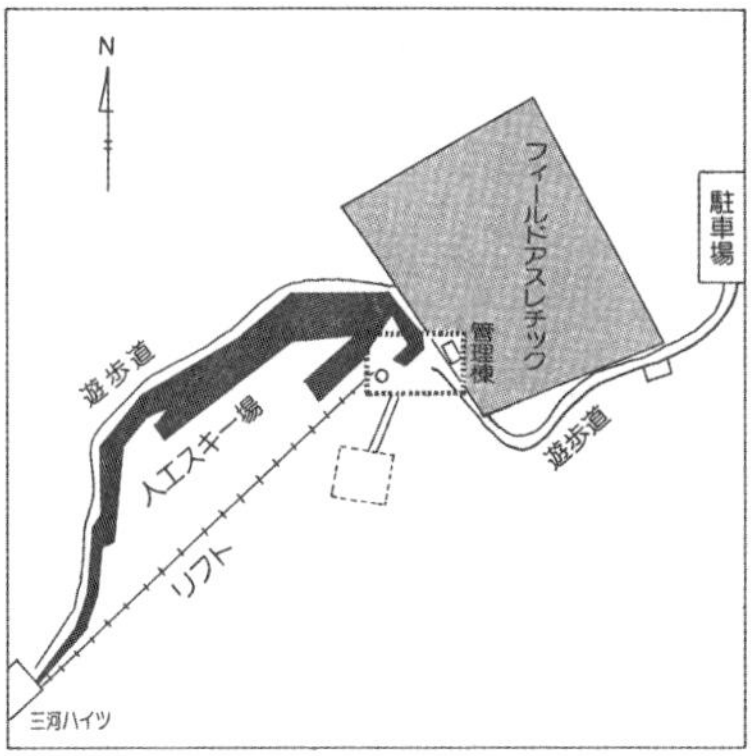

図5　スキー場に隣接してあった三河ハイツは現天の丸である。

図3　ジーンズですべっている人もいる。

図4　若干コースがせまいような気も…

東海道飯村の松並木【豊橋市】

文／菊池直哉

街道の並木

街道に並木が植えられた記録は古く、奈良時代には駅路の両側に果樹が植えられたとされる。戦国時代にも各地の大名が領国支配の一環として街道の整備と並木の植樹を命じていたが、江戸時代、戦乱の世が終わり、社会が安定すると幕府は五街道と宿場の整備を進めるとともに、街道沿いには一里塚を設け並木を植えることを命じている。街道の並木は、夏の日差しや冬の風雪から旅人を守り、街道に沿って等間隔に並んだ木々は、現代のような地図やナビのない時代には旅人の心強い道しるべにもなっていた。

江戸時代、街道周辺の村々に掃除丁場として街道の清掃・補修や、並木の管理の役目が割り当てられており、枯死した並木は植え替えるなどして大切に保護されていた。しかし、明治時代以降、街道沿いの松などの並木はその多くが道路の改修や拡幅などの際に伐採されて、さらに戦後には自動車の排ガスによる環境の悪化や松食い虫の被害により、わずかに残った木々も多くが枯死していった。かつて東海道沿いの各地であたりまえのように見られていた松並木は、今では御油など一部の地域で保護されるのみとなっている。

飯村の茶屋と松並木

東海道33番目の宿場町である二川宿から次の吉田宿までは火打坂を越えて1里20町（約6・1㎞）

戦後の飯村の松並木（1964年）
豊橋市二川宿本陣資料館蔵

戦前の飯村の松並木（1927年）
『行幸記念豊橋市寫真帖』国立国会図書館デジタルコレクション

の行程で、飯村付近はその中間にあたることから2軒の茶店が並んでおり、当時の旅案内に茶屋の名物としてうどん、そば切り、強飯などが紹介されている。またこれらとは別に吉田藩が東海道を往来する大名などを接待するため茶堂も設けられていた。

飯村地区付近の東海道は、現在の国道1号線への切り替えが比較的早く、1878年（明治11）の明治天皇の東海道諸国巡幸の際、火打坂東側の山から出水がありこれを避けるために岩屋観音の南側をまわる新道が開かれ、さらに岩屋西〜殿田橋の区間も戦後間もない1958年（昭和33）に旧道の南側に4車線の国道が開通している。両側に松の大樹が並んだ飯村の旧道は、往時の東海道を偲ばせる風景として戦前には豊橋市内の名所に数えられていたようで、1927年の昭和天皇行幸を記念して刊行された『行幸記念豊橋市写真帖』にもその風景が紹介されている。

松並木の減少

並木の松は、戦後の記録でも1972年には102本を数えていたが、その後十数年の間に急速に枯死と伐採が進み、1987年で4本、さらに最後の1本となったクロマツも松食い虫の被害により、2007年2月に伐採された。松の木の幹は保存処理され現在は二川宿本陣資料館と東部地区市民館飯村分館に展示されている。樹齢は150年ほどなので、江戸時代の末頃に植えられたのであろう。また、伐採後の切り株もしばらくそのままで残されていたのだが、今はそれもなくなり、松並木を記念した石碑だけとなっている。

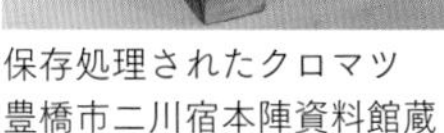

保存処理されたクロマツ
豊橋市二川宿本陣資料館蔵

松並木を記念した石碑

最後のクロマツ（1990年頃）
豊橋市二川宿本陣資料館蔵

伊勢湾台風で砂が流失・高塚サンドスキー場【豊橋市】

文／岩瀬彰利

雄大な砂浜

渥美半島の太平洋側、遠州灘に面した海岸を地元では表浜と呼ぶ。この表浜にある田原市の日出の石門から静岡県湖西市の浜名湖今切れ口までの十三里（約52㎞）には、天竜川からのおびただしい土砂が漂砂となって堆積した砂浜が続く。片浜十三里と名付けられ、背後には標高60ｍぐらいの海蝕崖が直線的に続く美しい海岸として、三河湾国定公園に指定されている。

表浜には、大小さまざまに発達した砂丘が形成されている。なかでも最も大きな砂丘が、かつては豊橋市高塚町にあった。

高塚サンドスキー場

高塚の砂丘は、海風によって砂が吹き付けられて海蝕崖の頂上近くまで堆積したもので、最も高い時には50ｍほどの高さがあった。この砂丘を利用して高塚サンドスキー場が開設されていた。

サンドスキー場とは、砂丘を利用してスキーをする場所のことであり、サンドスキーは雪山と同じように、スキー板やソリで砂山の斜面を滑るレジャーである。雪が積もらない渥美半島で気軽にスキーを楽しむことができるため、観光名所となっていた。

高塚サンドスキー場の歴史

高塚のサンドスキー場はいつから始まったのかはわかっていない。ただ、国内最古と呼ばれている南知多町の内海サンドスキー場は1932年（昭和7）6月のオープン

高塚サンドスキー場　豊橋市図書館蔵

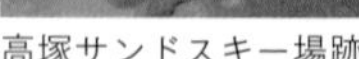

高塚サンドスキー場跡

で、高塚は戦前の1941年には存在していたことから、世界一と宣伝された内海の影響を受けて開設されたものと推測される。現地までは、豊橋駅から乗り合いバスが出ていた。だが、内海には貸スキー・休憩所・売店といった施設があったのに対し、高塚には貸スキーや売店があったという記録はない。現在、現地ではサーファーがボード持参でサーフィンにやってくるが、おそらく同じようにスキー板やソリを持参して砂丘で滑っていたものと考えられる。

サンドスキー場は、天然の砂でできた傾斜角のある砂丘を利用しており、そのゲレンデに立つと眼前には太平洋が広がり眺望が良い。そこからスキーやソリで一気に滑り降りると、爽快でスリルが味わえて人気があった。このサンドスキー場が最も賑わったのは昭和30年代前半、戦後の観光ブームの時である。雪上スキーがまだレジャーとして普及していなかった時代、地図にも載る名所として、観光客が訪れたのである。

伊勢湾台風により砂が流失

1959年の伊勢湾台風により、サンドスキー場の砂丘は多量の砂が流され、規模が小さくなった。このためスキーをする人は減っていった。さらには浸食対策のためにテトラポットなどが置かれたため、景観が悪くなるばかりか、砂の供給不足から年々砂丘は低くなっていき、やがて海浜植物で覆われた。こうして高塚サンドスキー場は忘れ去られたのである。

周辺にはまだ砂丘はあったが、高度経済成長期にスキーが身近なレジャーになると、リフトもなくて自分で登って短いコースを滑るだけのサンドスキーは、人気が無くなり消えていったのである。

伊古部の砂丘

高塚サンドスキー場跡からの眺望

空襲で焼失した渡辺崋山の天井画・吉田天満宮【豊橋市】

文／岩瀬彰利

吉田藩主も崇拝

吉田天満宮（元吉田天神社）は学問の神様であり、江戸時代には吉田藩主を始め、藩校時習館で学ぶ藩士たちからも崇められた。社殿は1631年（寛永8）に吉田藩主の松平忠利が造営。拝殿・楼門は1674年（延宝2）に小笠原長矩（ながのり）が建立した。藩主の小笠原氏は、赤毛の馬で城下視察の際によく参拝したことから、赤馬の天神、すなわち通称で「赤天神」と呼ばれた。

天満宮の起源

吉田天満宮は、菅原道真公の神像が海辺に漂っていたのを里人が発見し、石塚（現豊橋市花田町字石塚）の辺りに小社を建てて祀ったことが起源とされている。室町時代の1532年（天文元）年に岩崎玄朝が奉祀したことにより、吉田天満宮は始まったといわれている。

境内の建物

神門からみた正面には拝殿があり、その奥に本殿がある。本殿は切妻造、いわゆる「流造」の屋根であった。拝殿は正面のみ幅が狭い縁がつき、屋根は瓦葺の入母屋造で正面の屋根が延びて向拝庇になっていた。拝殿と本殿をつなぐ幣殿があった。本殿および拝殿、幣殿は赤色に塗られていた。

また、正面に掲げられた扁額は、1770年（明和7）に彦根藩儒官の龍公美（りゅうこうび）が来た時に揮毫したものであった。

江戸時代の吉田満宮（天神社）
『三河国吉田名蹤綜録』より抜粋

焼失前の吉田天神社

豊橋空襲により焼失

1945年（昭和20）6月19日の深夜から20日未明にかけて米軍がおこなった豊橋空襲では、天満宮の本殿、拝殿等の建物や所蔵していた渡辺崋山筆「月に雁」等の資料は焼失した。

1949年、市の戦災復興事業によって、天満宮の約200m南にある白山比咩神社の境内が整備され、その際に焼け残った天満宮の神門基礎や燈籠、石垣が移設された。3年後、本殿ならびに覆殿は白山神社境内に新しく造営された。さらに1955年になると、白山神社御遷宮の際に相殿に合祀された。この頃に吉田天満宮と改称され、現在に至っている。

焼失した渡辺崋山の天井画

空襲で焼失したものには、渡辺崋山が描いた拝殿天井画「月に雁」がある。この「月に雁」は、蛮社の獄により蟄居していた田原藩の渡辺崋山に吉田の鈴木三岳が依頼したものであった。三岳は崋山の所へ金品や味噌などをまめに届けており、「月に雁」は鈴木三岳の代筆として奉納された。

三岳あての書簡には、崋山が描いたと疑われても言葉をにごすようにと頼み、随分と下手くそできたなく描いたつもりなので、わからないだろうと書かれていた。

天井画の制作

焼失した「月に雁」については、氏子が日本画家の鈴木一正氏へ制作依頼をおこなった。残っていた写真が白黒のため色調がわからなかったので、鈴木氏は崋山の画風や色使い、雁の色調を調査し、崋山の描いた輪郭を元に制作した。2020年2月に「月に雁」が完成し、吉田天満宮に寄進されている。

鈴木一正氏制作「月に雁」

「月に雁」　渡辺崋山画

バス会社が開発した「新箱根」【蒲郡市】

文／岩瀬彰利

新箱根の誕生

蒲郡と本宿の間には標高３２５mの石神峠があり、車では越えられなかった。１９３３年（昭和8）11月に鉢地坂トンネルが完成すると、両地をむすぶ12㎞の県道が整備された。翌年の9月、愛電自動車（のちの名鉄）は、本宿駅前から蒲郡海岸間を結ぶ路線バスを開業した。峠付近の道はU字形に曲がり、風景が箱根に似ていたことから、会社はバス路線を「新箱根線」と名づけ、観光路線の名物とするため、国内初の流線形バスを製作し、レオ号（35～41年まで運行）として投入した。

新型バスで人気

レオ号は最新型のバスで、貴賓用にオープンカーも導入した。さらにはモダンな制服の女性車掌のガイドも導入したことから、行楽シーズンには乗客が殺到したそうである。しかし、太平洋戦争がはじまると運休となり、トンネルは軍の弾薬置場となって、道路は通行止めになった。バス路線が再開されたのは、１９５４年7月になってからである。

戦後の観光ブームとその終焉

石神峠付近は、いつしか新箱根と呼ばれるようになった。高度経済成長期になると、温泉地や観光地をかかえた蒲郡に来た観光客は、ついでに新箱根を訪れた。マイカーが普及し、自家用車で新箱根を訪ねる人も増えた。しかし、オイルショック以降は蒲郡の観光施設の閉鎖もあり、蒲郡を訪れる観光客は減少した。新箱根は樹木が生い茂り、眺望も悪くなった。箱根に似ているというだけの観光地であった新箱根は、その魅力の少なさから忘れられていった。

新箱根を走るレオ号

流線形が美しいレオ号

Ⅲ

初三郎式鳥瞰図が描いた名所

吉田初三郎　中部日本観光鳥瞰図（1937 年）部分

名所案内には欠かせなかった初三郎式鳥瞰図

文／岩瀬彰利

名所案内と鳥瞰図

名所を案内する地図は、限られたスペースに紹介したい名所を詰め込み、情報を紹介しなければならない。このために多用された技法は鳥瞰図である。鳥瞰図とは、上空から見下ろした視点で地域や建造物の配置を表現する図のことで、江戸時代の名所図会によく用いられ、大正以後は観光案内や教育資料として活用されてきた。

鳥瞰図の特徴は、①空からの視点により、建造物の配置や道、河川などの地理的な特徴を表す。②地域全体の広がりや概観を表現するため、多くの情報を凝縮し、地域の特徴や状況を1枚で表す。③直感的で視覚的にわかりやすくするため、特徴的な建物などはより詳細に描く。

こうした特徴を活かし、大正から昭和にかけて全国の名所案内図に用いられたのが、吉田初三郎の「初三郎式鳥瞰図」である。

吉田初三郎の略歴

吉田初三郎は、１８８４年（明治17）に京都で生まれた鳥瞰図絵師である。幼少期から絵が好きで、京都三越の友禅図案の職工となった。のちに東京に出て、洋画の白馬会研究所に入所。日露戦争に出征し、その後に帰京。京都の洋画家、鹿子木孟郎に師事して洋画を学んだ。

しかし、鹿子木から社会のために働く応用芸術家を勧められ転身、百貨店などに壁画を描いた。１９１３年（大正２）に初めて描いた「京阪電車御案内」は、昭和天皇から「奇麗で解り易い」とお言葉をもらい、仕事の大切な標語としたそうである。そして、初三郎は、自分の仕事を日本全国名所図絵の完成と述べている。その言葉通りに全国各地の独特な鳥瞰図法で描かれた彩色の絵地図を１６００点以上もつくり、「大正の広重」といわれた。１９５５年（昭和30）に71歳で死去した。

吉田初三郎
『旅と名所』より抜粋

初三郎式鳥瞰図

鉄道発達に伴う観光ブームの中で人気を得た「初三郎式鳥瞰図」。初三郎の「万人が見て楽しみながら解り得べきもの」という信条のもとに生み出された。

初三郎式鳥瞰図の特徴は、左右の端をU字型にまげた大胆なデフォルメを施した独特の構図と鮮やかな色彩による表現である。愛知県の鳥瞰図では、東は東京、西は下関まで描かれている。そして描かれる建物や名所などは、初三郎が「実地踏査写生」を標榜しているように、比較的正しい形で描かれた。さらに鳥瞰図中には、鉄道、道路、公共施設などの情報が盛り込まれている。

愛知とゆかりの吉田初三郎

東京に活動拠点を移していた吉田初三郎は、関東大震災で活動拠点を失ってしまった。１９２３年、名古屋鉄道の援助により、犬山にあった同社の施設「蘇江倶楽部」を仮画室として活動した。初三郎は１９３６年まで、弟子とともに愛知や岐阜をはじめ、全国各地の初三郎式鳥瞰図を犬山で数多く制作した。

初三郎式鳥瞰図の原画は、全国で70点ぐらいが知られているが、制作拠点があった愛知県には、藤本一美氏によると「名古屋港鳥瞰図」「刈谷町鳥瞰図」「半田市鳥瞰図」「継鹿尾山図」（藤本１９９７）と「豊橋市鳥瞰図」の計5点が残されている。これらは全て絹本着色といって、絹に色絵具で描かれたものである。

戦後になると忘れ去られた初三郎式鳥瞰図であるが、２０００年頃から再び脚光を浴び、戦前の景観を伝える貴重な歴史的資料として再評価されている。

京阪電車御案内（1913 年）　国際日本文化研究センター蔵

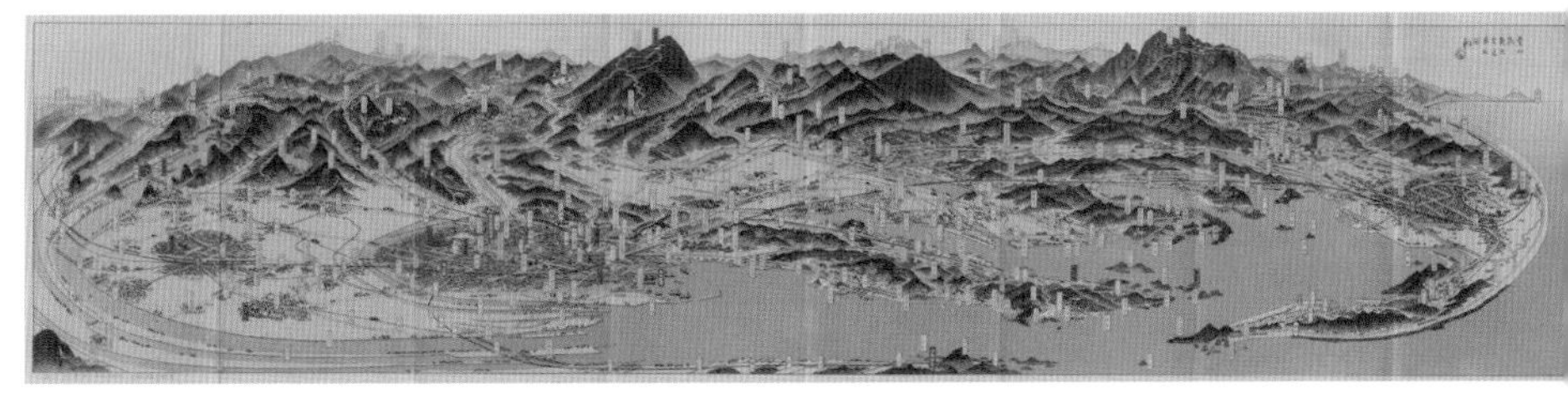

愛知県鳥瞰図（1927 年）　国際日本文化研究センター蔵

観光案内鳥瞰図から見える犬山の名所づくり【犬山市】

文／川本真弓

観光開発の要になった木曽川流域

愛知県と岐阜県の境に流れる木曽川は、古来より材木や人を運ぶ水運ルートとして重宝されていたが、街道の整備や鉄道の普及によって交通機関が発達し始める明治時代以降、全国的に始まった観光ブームによって自然美の景観の需要が高まり、求められる役割が変化した。大正時代から昭和初期には特にたくさんの名所がつくられた。犬山の観光開発の推進力となったのは、犬山と鵜沼間をつなぐ路線延長のために1925年に竣工された犬山橋の架橋、1927年の日本新八景の木曽川当選、そして同年の今上陸下の行幸という三つのできごとの影響が大きい。

この時「日本ライン」と名づけ

られ観光開発の要となった木曽川中流域と犬山観光地化の変遷については、吉田初三郎が描いた「天下之絶勝　日本ライン名所図絵」（１９２４）と、「日本ライン図絵」（１９３５頃）という二

日本ライン乗船の記念写真（1962 年）　犬山市文化史料館蔵

「天下之絶勝　日本ライン名所図絵」（1924 年）　犬山市文化史料館蔵

『日本ライン図絵』（1930~1940 年頃）　寂光院蔵

つの鳥瞰図を比較するとよくわかる。大正広重の別名を持ち、観光案内鳥瞰図の大家として知られる吉田初三郎は、1923年に関東大震災で東京の自宅と画室を失ったことをきっかけに犬山に拠点を移し、10年余の間、木曽川畔に構えた「蘇江画室」で多くの鳥瞰図を制作した。

蘇江画室も観光名所だった

二つの作品の主な違いとしては、大正版では点線で描かれていた鉄道路線が赤い線でつなげられ、延長していること、そしてその路線が通る「犬山橋」のほか、「犬山遊園地」、「にしき渓」、「寂光院の聖徳殿」、「蘇江画室」、「日本一桃太郎神社」が新たに加わっていることである。このうち、桃太郎神社の創建には初三郎自身が関わっており、唯一赤短冊に白抜きで文字が書かれている力の入れ具合であ

「天下之絶勝　日本ライン名所図絵」犬山城～不老の滝部分拡大

「日本ライン図絵」犬山城～桃太郎神社部分拡大

る。

さらに細かくみてみると、木曽川に並ぶ巨岩に付けられた名称が増えているのだが、大正版では「七ツ岩」「中岩」「与曽松岩」「おとみ岩」「かぶと岩」「ラクダ岩」「めがね岩」「ライオン岩」「亀岩」「二ツ岩」だけだったところに「五色岩」「女神岩」「エボシ岩」「大獅子岩」が追加されている。こうした巨岩の名称は、大正期のものは木曽川の船頭たちが名づけたとみられるが、昭和以降に追加されたものについては不明である。この内、「おとみ岩」と「与曽松岩」には男女の悲哀物語の言い伝えがあり、案内書にも紹介されている。

ところで、詩人北原白秋が木曽川流域を観光したときのことを書いた紀行文「木曽川」には、ライン下りを体験する最中に、案内人から日本ライン命名の由来となっ

「天下之絶勝　日本ライン名所図絵」巨石部分拡大

「日本ライン図絵」巨石部分拡大

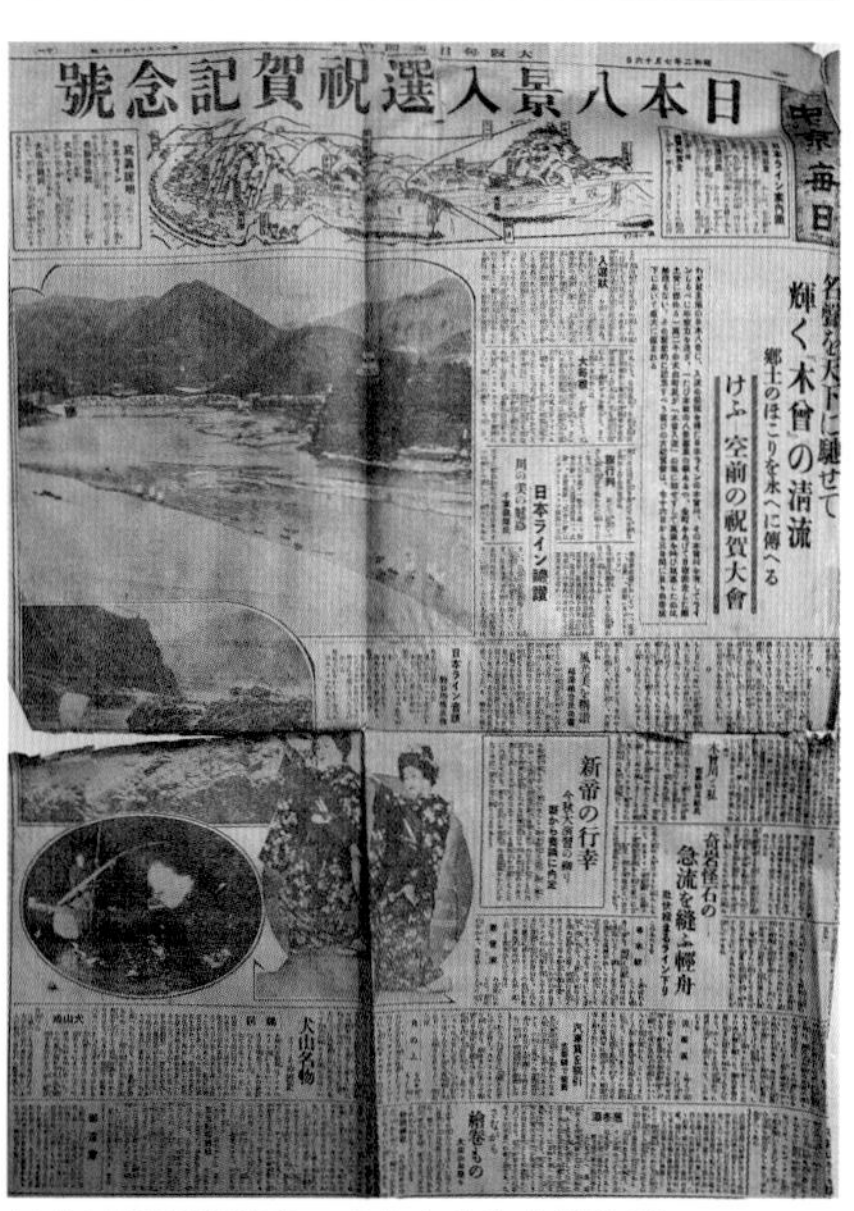
日本八景入選祝賀記念號

名聲を天下に馳せて
輝く「木曾の清流」
郷土のほこりを永へに傳へる
けふ 空前の祝賀大會

日本ライン讃

新帝の行幸

奇岩怪石の急流を縫ふ輕舟

日本八景当選記事　犬山市文化史料館蔵

たドイツのライン川に伝わるローレライ伝説に触れられて苦笑する場面がある。この紀行文は日本新八景選定の記念に書かれたもので、文中には白秋の手に初三郎の観光案内鳥瞰図があり、船頭から初三郎の仕事場である「蘇江画室」の場所を教えられたことも書かれている。初三郎の蘇江画室は地元でも有名な名所のひとつであったようだ。

初三郎の犬山名所案内

　初三郎は蘇江画室を訪ねてきた客人を自ら接待し、食事や船、芸妓を手配し、名所をくまなく案内することもあったという。日本ラインの観光パンフレットの名所案内には「蘇江画室」の名もあり、蘇江画室の周辺を散策することを勧めている。実際に初三郎が案内した相手には、親しい来客のほか、メディア関係者や財界人、さらには東久邇宮殿下の名も記録されている。

　当時の初三郎の歓待ぶりを知るエピソードとして、観光社が発行した「観光春秋　第9号6月号」の記事を紹介する。

　1930年4月、アメリカから記者の一団を迎えるため、初三郎は午後から犬山ホテルで歓迎の準備にあわただしくし、入り口のアーチや階段、食堂などに初三郎が描いた鳥瞰図原画や洋画を掲出し、手土産として色紙や持ち歩くための鳥瞰図付きパンフレットを用意した。まもなく夕方6時になるころ、初三郎は犬山橋駅（現・犬山遊園駅）まで車で向かい、名鉄の役員らと米国記者一行を迎えた。夕食のあと、犬山芸妓連によって「桃太郎音頭」と「犬山音頭」が舞われ、鵜飼を見物し、一日目は終了した。

翌日はライン遊園駅（現・可児川駅）に向かいライン下りを楽しみ、その途中、桃太郎誕生地（桃太郎神社）に寄り、観光社（初三郎の会社）の面々が初三郎を筆頭に桃が印刷された旗を振り、大桃を飾った神輿と神楽を披露したという。敷地内の洗濯岩には日米の国旗を立て、一行は桃太郎の名を口にし大いに盛り上がったようだ。

犬山橋にて聖上陛下行幸　犬山市文化史料館蔵

鳥瞰図から伝わる一時代の熱気

昭和初期には、毎年のように刊行される日本ラインの観光案内図には新たな名所が描き加えられていき、これら色とりどりのチラシやパンフレットは、当時の日本ライン流域と犬山でいかに活発な観光開発が行われたかがわかる貴重な歴史資料となっている。しかし、現在は戦前の観光開発最盛期につくられた名所はほとんど残っていない。犬山城東側にあった料亭旅館彩雲閣や犬山ホテル、カンツリークラブなど、モダンな建物が並んだ犬山遊園地には「ホテルインディゴ犬山有楽苑」が建ち、不老の滝の畔で初三郎が過ごした蘇江画室は跡形もない。観光客で溢れかえったライン下りも2001年を最後に運航を終了した。しかし、色彩豊かで所せましと名所が詰まった初三郎の鳥瞰図を眺めていると、観光都市の土台を築いた時代の熱気に触れられる気がするのである。

東宮邇宮殿を御案内する吉田初三郎（1930年）　個人蔵

「大正の広重」大名古屋の全貌を描く【名古屋市】

文／加美秀樹

震災後は犬山を拠点に活躍

「大正の広重」と称され、自らを「超広重」と名のった鳥瞰絵師の吉田初三郎は、独自の視点と綿密な取材によってユニークなパノラマ絵地図の初三郎式鳥瞰図を描き出し、その作品は大正・昭和を通じて一世を風靡した。関東大震災を機に愛知へと移り犬山に蘇江画室を構えて、地元に数多くの作品を残した初三郎の描く名古屋の姿を見てみよう。

１９３３年（昭和８）に名古屋勧業協会が出版した「観光の名古屋市とその付近」の大名古屋名勝交通鳥瞰図を例に、当時の名古屋を空から眺めてみることとする。この鳥瞰図は、市の南西方向から北東を望む構図で描かれている。

大名古屋名勝交通鳥瞰図（1933年）の表紙

大名古屋名勝交通鳥瞰図（1933 年）

鳥の視点で名古屋を一望

名古屋の玄関・名古屋駅周辺では、省線名古屋駅はまだ笹島の地にあり、駅跨線橋の明治橋西には遊廓（中村遊廓）の表記と、遊廓地造成用の土砂を掘った跡地に造られた遊里ヶ池が描かれる。さらに西には中村大鳥居と北側に中村公園、豊臣秀吉生誕地の常泉寺、加藤清正生誕地の妙行寺が並ぶ。

名古屋の中心部では、国宝・名古屋城をはじめ、城下南に配された大須観音、東別院、西別院など、名古屋空襲による被災焼失前の姿が確認できる。この鳥瞰図発行年に移転する名古屋市役所は、武平町の旧庁舎と現在の新庁舎の両方を描き、旧市庁舎北には県庁も認められる。当時新しく建てられた近代建築では、22年築の控訴院（現・名

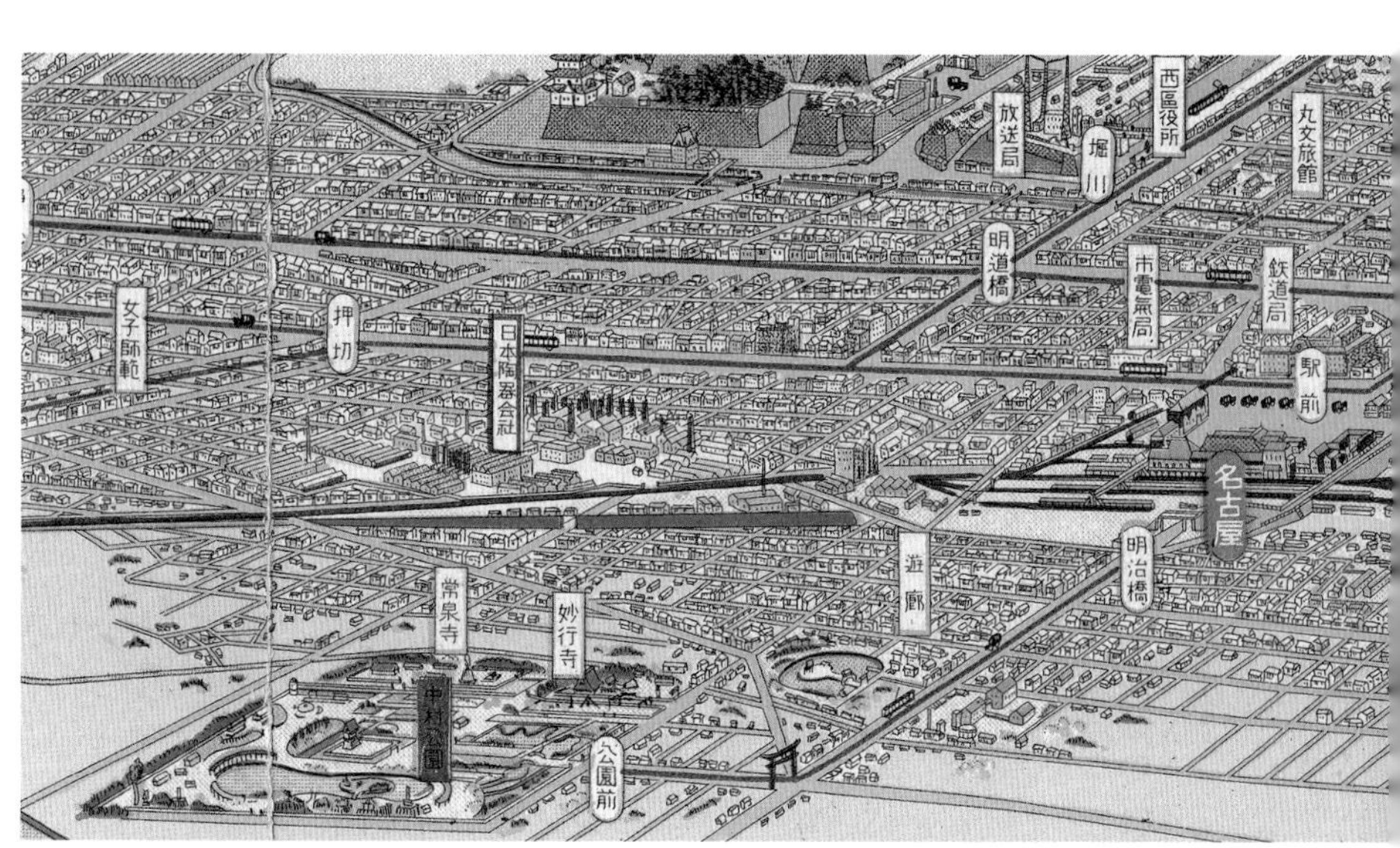

中村公園、中村遊廓から名古屋駅付近

古屋市市政資料館）、25年築の松坂屋、26年築の名古屋銀行、31年築の松重閘門の姿が見られ、これらは戦災や開発を免れ現存する。また、伏見の東鮨本店や大須のやっこ食堂など、老舗飲食店が表示されているのも面白い。

　1909年（明治42）開園の鶴舞公園には、翌10年に名古屋開府三百年を記念した第10回関西府県連合共進会開催時の噴水塔と奏楽堂、30年竣工の名古屋市公会堂のほか、図書館や美術館、動物園の表記も見られる。公園横の医科大学（現・名古屋大学医学部）と高等工業学校（現・名古屋工業大学）は、今も同地に残る。

　覚王山界隈では、日暹寺（にっせんじ）（現・日泰寺）と仏舎利を祀る奉安塔、忠魂碑（日清戦役第一軍戦死者記念碑）、昭和塾堂と、今も馴染みの名所が見られる。

　名古屋港周辺では、南陽館、道徳観音山、泉楽園、稲永競馬場などが見られるが、いずれも現存しない。初三郎は昭和7年、「名古屋名所道徳観音山及び泉楽園温泉全景」で二つの施設を描いている。

　今は失われ忘れられてしまったものでは、八事グラウンド、船見山遊園、鳴海グラウンド（現・名鉄自動車学校）、清馨園、天白渓、衣ヶ原民間名古屋飛行場がある。

　郊外に目を転じると、名古屋南方の知多半島では聚楽園の大仏や愛知トマト会社（現・カゴメ）、濃尾平野北端の犬山では犬山城、迎帆楼、日本ラインに加え、初三郎が提唱した日本一桃太郎誕生地（現・桃太郎神社）と自身のアトリエの蘇江画室も描き込んでいる。

　吾が敬愛する作家・稲垣足穂は、空飛ぶ憧れを幾つもの作品に著しているが、初三郎の描く鳥瞰図は、仮想的な空中飛行の夢をかなえてくれる私にとっての魔法の一葉だ。

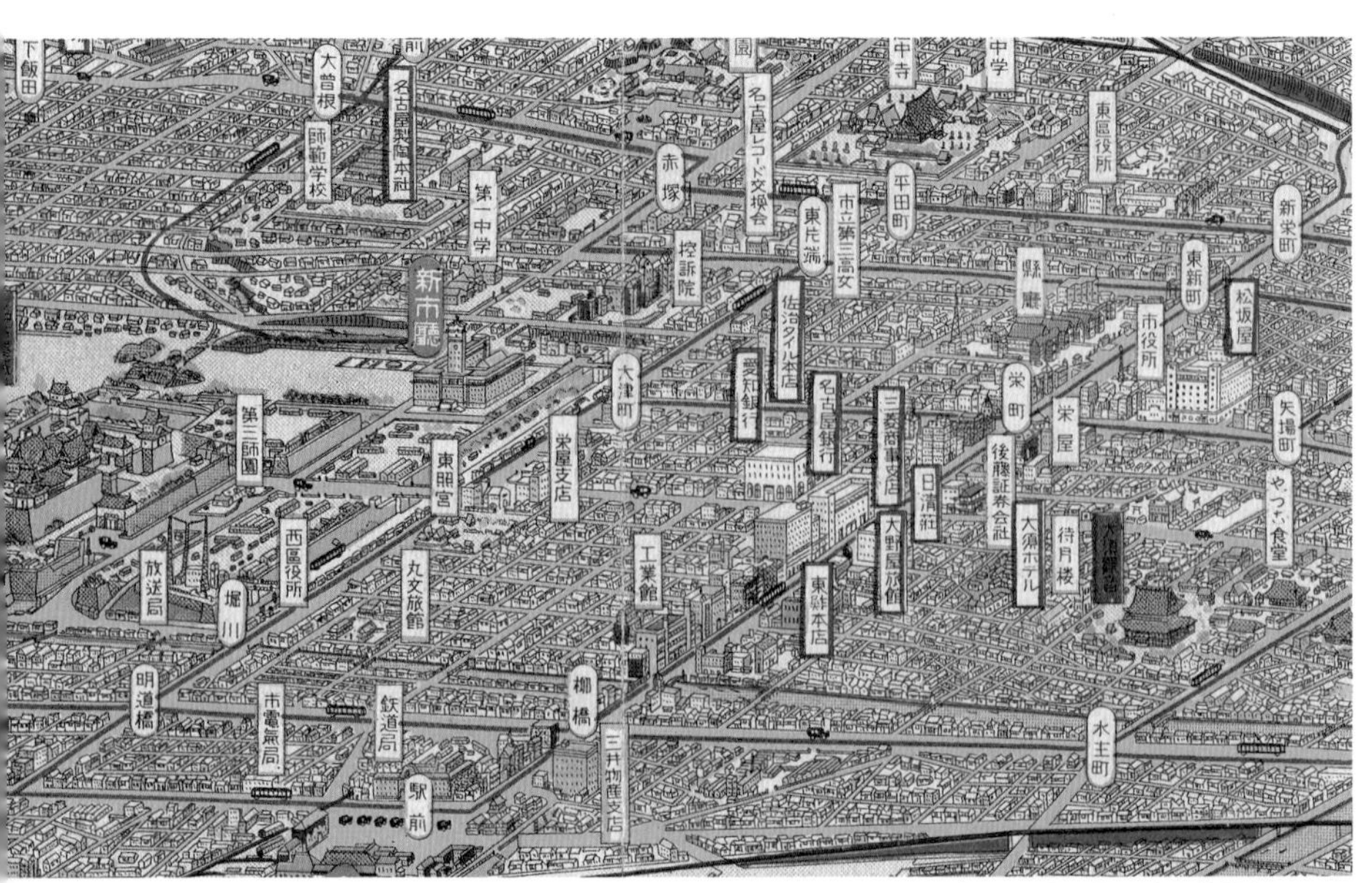

名古屋城下中心地の碁盤割エリア

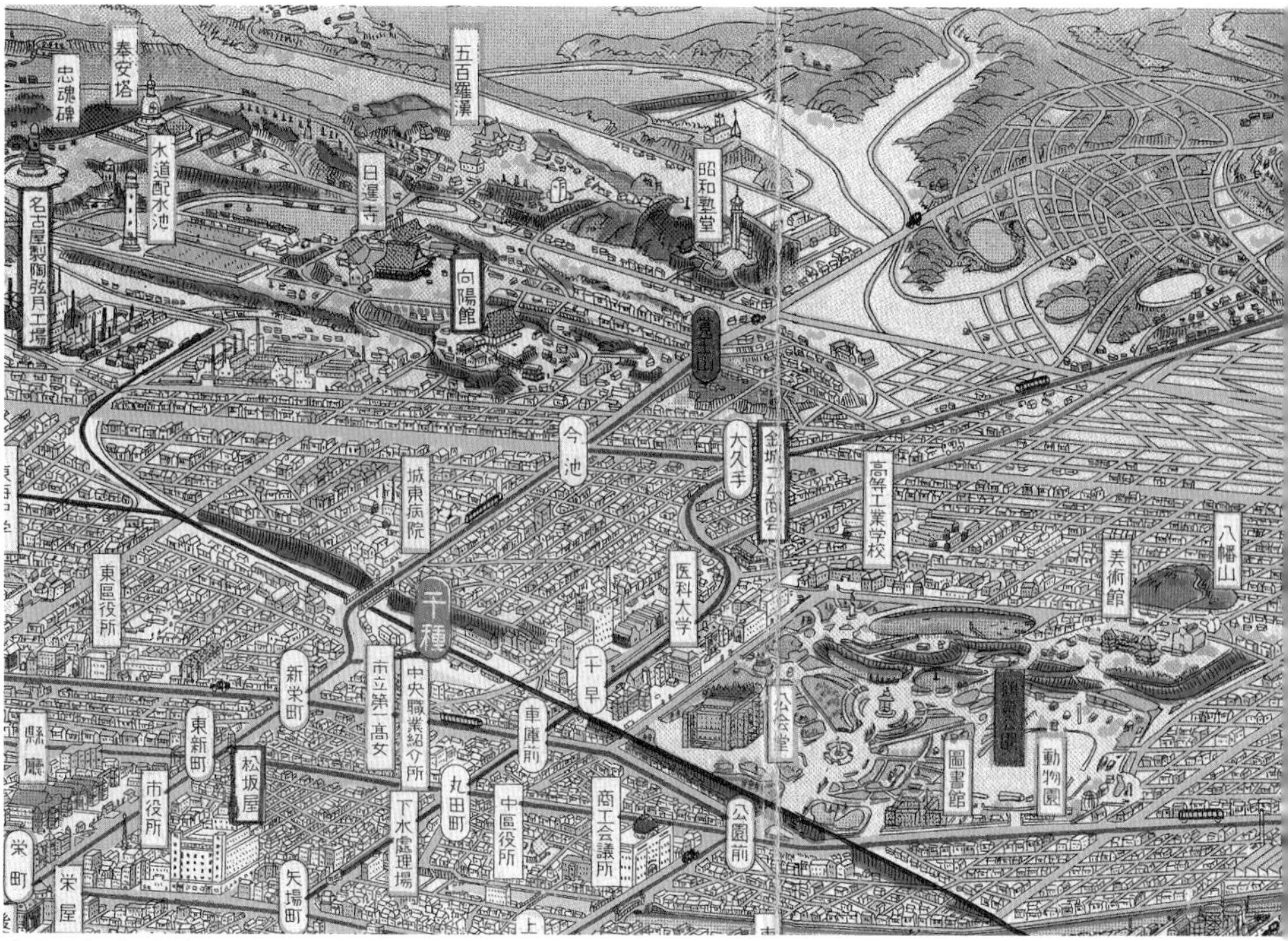

名古屋郊外の鶴舞公園、日暹寺など

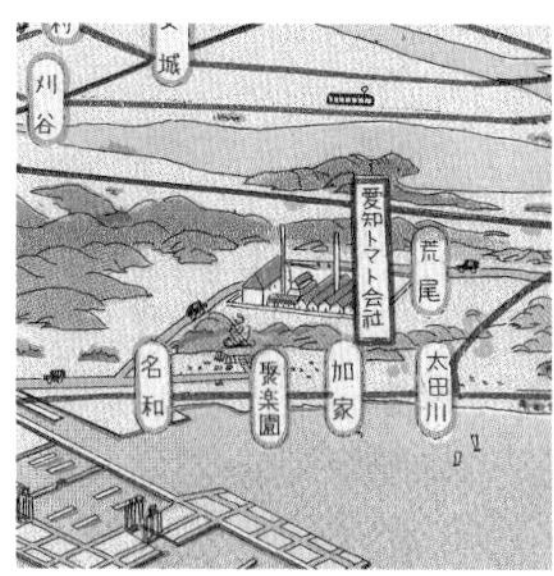

知多の愛知トマト会社、聚楽園

犬山の日本ライン、蘇江画室

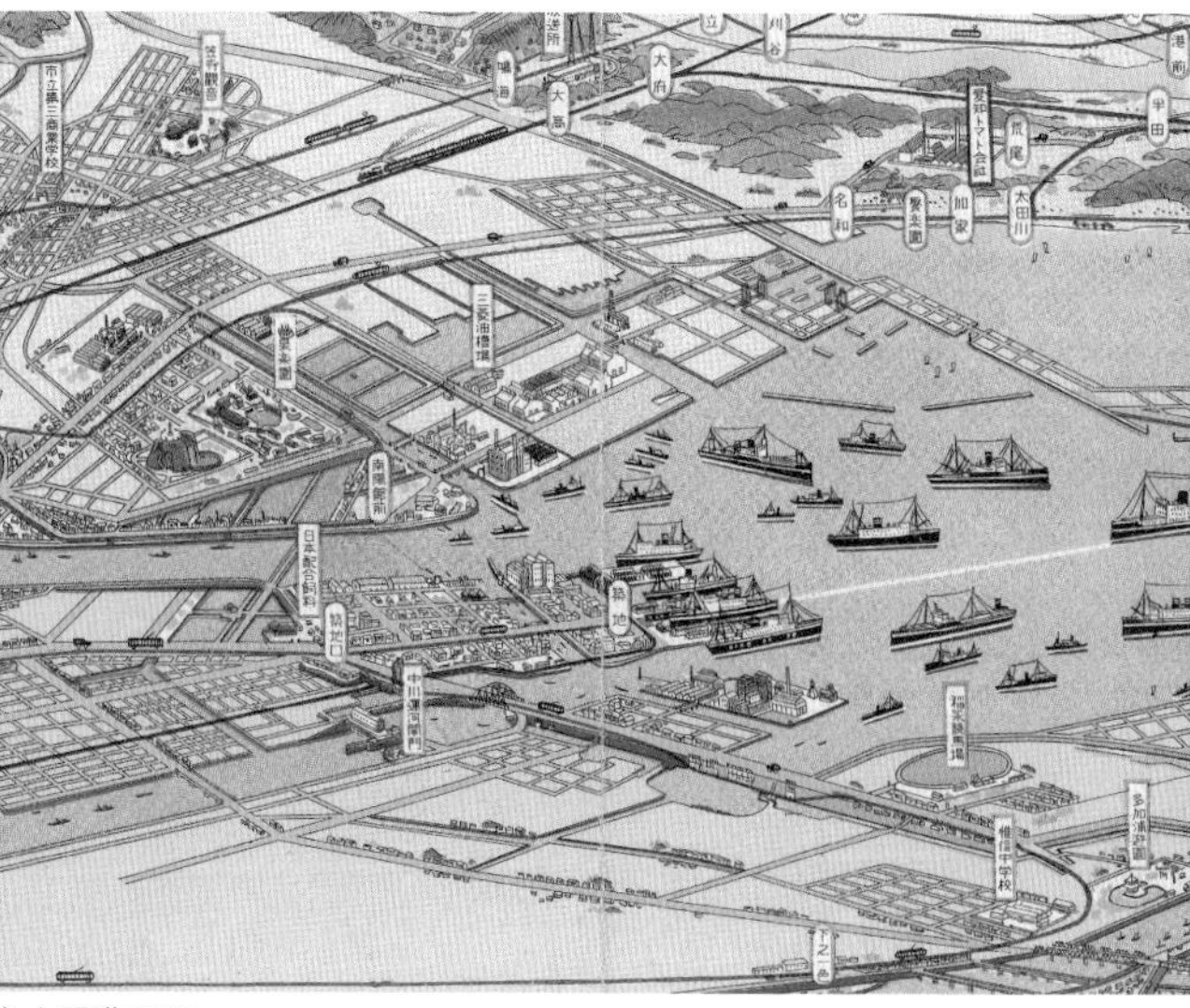

名古屋港周辺

昭和初期の陶都・常滑【常滑市】

文／小栗康寛

数える。しかし、赤の背景色で表記された名称は、常石神社、神明社、忠魂碑（図3）のわずか3カ所と乏しい。青の背景色で表記された施設は、町役場と常滑駅の2カ所のみ。その多くは、土管やタイル、テラコッタ（建築陶器の一種）を生産する製陶所と陶器販売所で埋め尽くされている。

参道や石畳も忠実に表現

常石神社（図2）は本図の中央の奥に位置している。鳥居から拝殿につながる参道や石階段、1961年に竣工した旧常滑市陶芸研究所を結ぶ細道まで忠実に描かれている。境内の中央に描かれた本殿は現存せず、旧本殿の所在を示す石碑が建てられている。

工業学校の奥に描かれた忠魂碑

「やきもののまち」を描く

吉田初三郎が描いた「常滑町鳥瞰図」（図1）は、封緘繪はがき「陶都の常滑」に納められたもので、常滑町役場から1940年（昭和15）前後に発行されたと考えられる。本図は西（伊勢湾）側から描かれ、北は富山の立山連峰、東は富士山を描きつつも、南西の伊勢神宮まで取り込んだ大胆な構図である。鳥瞰図の裏面には、常滑町の概要や神社仏閣と記念碑などの説明がある。ここで興味深いのは、常滑にも少なからず観光名所があるのだが、それらは最小限の表現にとどめて、「やきもののまち」を描いたことである。

鳥瞰図で取り上げられた旧常滑町内の名称や公共施設は81カ所を

（図3）は、日露戦争の英霊が祀られた施設で、白山招魂社とも呼ばれている。名所となるような施設ではないが、石碑の配置なども忠実に描かれつつも、周辺の建物より大きく描いている。1905年（明治38）、日露戦争の勝利と戦没者の慰霊を兼ねた凱旋祭りがおこなわれ、山車や花車を曳きまわす凱旋祭りがおこなわれた。これは、春の祭礼行事「常滑祭り」の起源ともなっており、常滑の人々にとって重要な行事である。

神明社（図4）は、本図の中央からみて左側、やきもの散歩道がある丘陵部の南端に位置している。描かれた本殿及び拝殿は、1926年（大正15）に造営された建物である。周辺には神武天皇遥拝所の石碑も細部まで描かれている。ただし、現在の本殿及び拝殿は、1951年に村社から旧縣社に相当する六級社に昇格したことを受け、1985年に新造された。現在、南側の鳥居の左右に1・5mを超える陶製狛犬が設置されているが、図には描かれていない。

図2　常石神社周辺

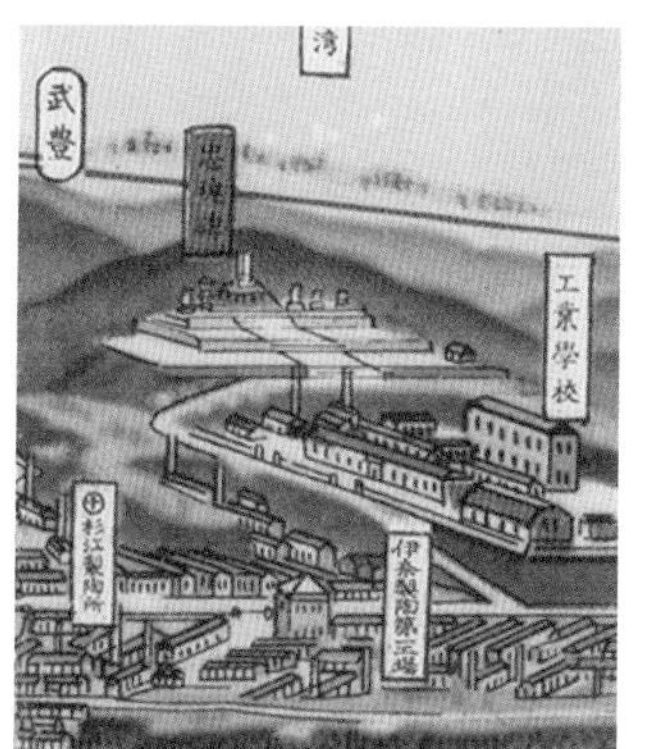

図3　忠魂碑周辺

図1　常滑町鳥瞰図　国際日本文化研究センター蔵

1942年正月に奉納された狛犬で、皇紀2600年を記念して制作された。このことから、本図は設置される以前に描かれたものであることを示している。また、幼稚園の隣に描かれた相持院は描かれてから数年後、地図の場所からみて奥（東側）にあたる秘色焼の周辺へ移転している。

図の中央部にある「（常滑）陶器館」（図5）は、1930年に竣工した鉄筋コンクリート二階建てのモダンな建物で、古美術、実用的、芸術的なものまで、ありとあらゆる常滑焼が展示されていた。陶器館の裏にある天神山は、常滑焼発祥の地といわれ、近代土管の父「鯉江方寿」の陶像が建立されるなど、常滑焼の拠点として整備が進んでいた。

本図全体に目を向けると、常滑町に隣接する多屋の付近まで、煙突の立ち並ぶ製陶所と家並みがひしめき合っている。活気のあった当時、400本を超える煙突があったといわれ、「常滑のスズメは黒い」と揶揄されていた。

本図に描かれた大きな寺院は、正住院と天澤院が挙げられる。正住院の本堂や六角堂、東側にある山門などは、現在と同じ場所に配置されている。正住院の西側は石垣が築かれ、明治期まで波が押し寄せていた場所で、海岸部は大きく様変わりしている（図1参照）。

海側の移り変わり

江戸時代後期以降、常滑は海岸部の埋め立てや護岸整備が継続しておこなわれてきた。常滑駅のある新開町や伊奈製陶本社工場（現LIXIL）も埋め立て地である（図1）。駅には貨物線が引き込まれ、やきものを運ぶ運送会社が集中していた。丘陵部には製陶所と陶工ら家族の居住域となっていた。近

図5　陶器館周辺

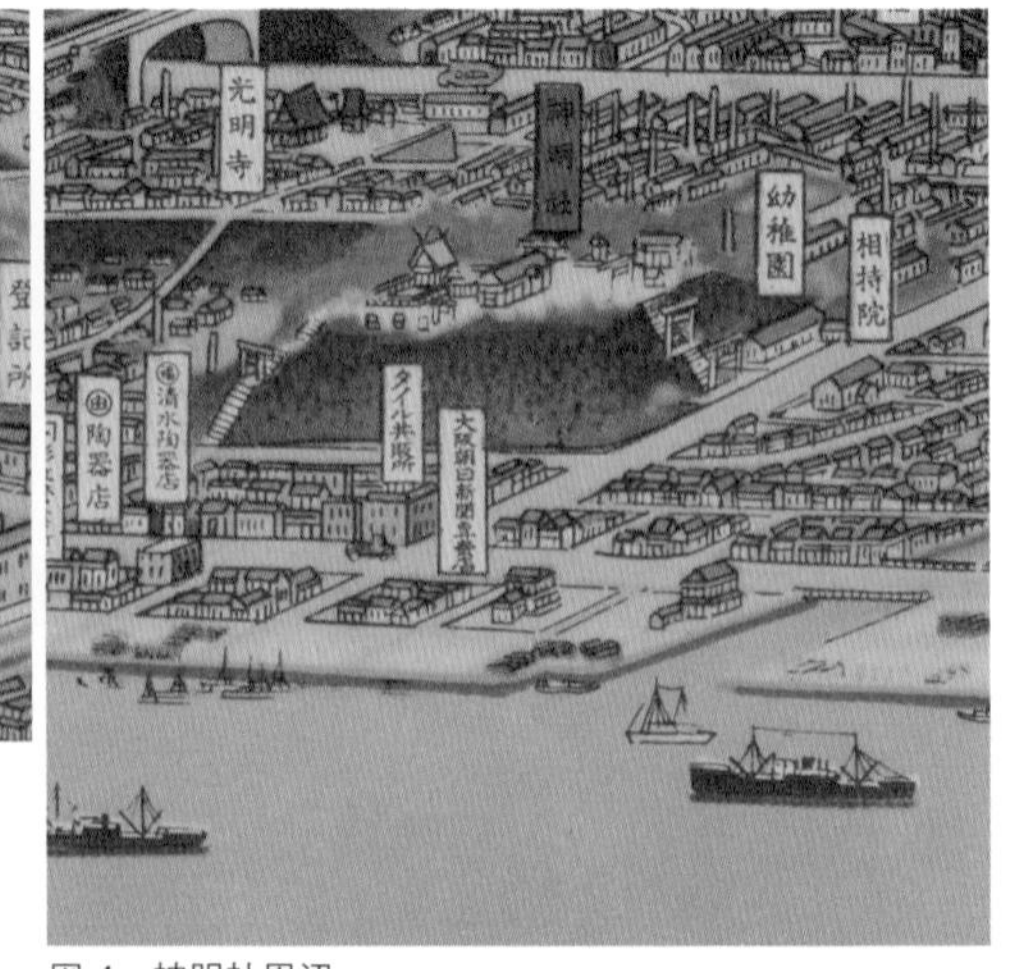

図4　神明社周辺

世から整備されてきた知多半島の西岸部の街道である「常滑街道」は、デフォルメされてわかりにくいが、（北浜）回漕店の隣にある常夜灯（現在は常滑駅の西へ移転）をはじめ、陶器を取り扱う賑やかな街並みが形成されている（図6）。

商店街からみて海側は、やきものや燃料の集積地となっていた。常滑は伊勢湾沿岸部に位置し、網漁や蛸壺漁、養殖業も盛んであり、多くの漁船が描かれている。また、常滑港周辺は遠浅の海であったため、大きな船が着岸できなかった。そのため、沖に停泊している船に積荷を乗せ換える瀬取がおこなわれていた。本図をみると、浚渫工事や護岸工事が進み、大きな船が入港できるようになっていた。常滑駅からみて南西側は、紀伊半島や渥美半島から運ばれてきた燃料の置場となっていたところで、本図では複数の大きな船が停泊している。しかし、封緘繪はがきにある「常滑町全図」によると、伊勢湾側は海水浴場と記載されており、大きく誇張された表現といえよう。海水浴場の付近は、1952年に認可を受けて、翌年に常滑モーターボート競走場が開設された。競走場は1953年の13号台風、1959年の伊勢湾台風で甚大な被害を受けたが、すぐに復旧し、常滑を代表する施設となっている。

以上、吉田初三郎の描いた昭和初期の常滑の原風景をみてきた。もちろん誇張された部分も多いが、常滑でしかみることのできない風景が見事に描かれている。この風景は半世紀以上を経て、大きく様変わりしている。しかし、常滑がやきものの文脈のなかで生きてきた町であり、今も往時を想像することができる貴重な資料である。

図6　常滑駅周辺　図の右端中央に灯籠が見える

大正期の東三河を俯瞰する【東三河地域】

文／岩山欣司

東三河地域の俯瞰図

吉田初三郎が描いた「豊川・鳳来寺鉄道沿線名所図絵」(図1、以下「俯瞰図」)は、画面左側に渥美湾や豊川鉄道の始発駅である吉田駅を、右側に鳳来寺鉄道の終点駅の川合駅があることから、愛知県東部で南北に長い東三河地域を東から西方向に俯瞰した構図としていることがわかる。さらに、画面手前に東三河地域を縦断して流れる豊川を描き、画面奥に標高の高い山を配置することで、東三河の平野部と山間地の地形的特徴をわかりやすく、立体的に表している。とりわけ山地の表現は秀逸で、鳳来寺鉄道管内の山あいが深く険しい急峻な岩山となっている様子は的確に捉えられ、この山間地域特有の風景を見事な色彩で描き上げ、東三河の地理的状況を上手に見る人に伝えている。

駅名の標記

駅名は楕円形の赤枠内に標記され、20カ所が図示されている。そのうち豊川鉄道が13駅、鳳来寺鉄道が8駅で、画面のほぼ中央に描かれる長篠駅の駅名直上の左手に「豊川線」、右手側に「鳳来線」と横書きに標記されているため、これら鉄道が長篠駅を共用した路線であったことを知ることができる。また、図中の「有海駅」と「川合駅」の駅名は、鳳来寺鉄道の開業時は「鳥居駅」と「三河川合駅」となっており、正式名称と異なっていた。

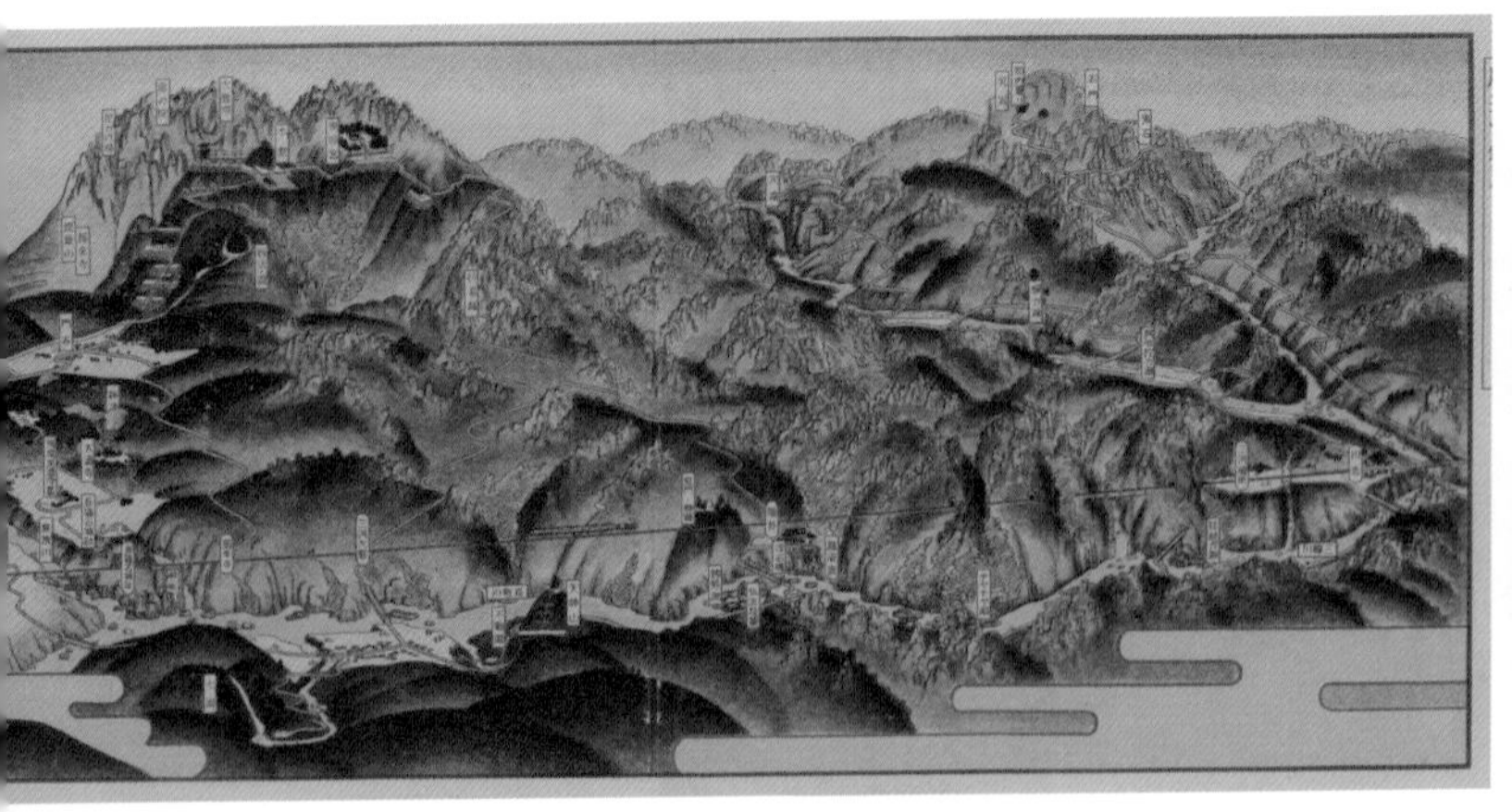

観光地の標記

次に赤い長方形枠で示された名所・旧跡地は67カ所あり、豊川稲荷・砥鹿神社・東照宮・鳳来寺などの神社仏閣、長篠城・野田城・馬場美濃守の墓といった長篠の戦いなどの戦国時代を中心とした史跡、阿寺の七滝・牛ノ瀧・桜淵公園・乳岩の名勝地など、東三河のメジャーな観光スポットが描かれている。このうち歴史文化的なスポットは23カ所、自然系の場所は26カ所とバランスのとれた観光地紹介となっている。しかも、初三郎が平等に各地の魅力発信に努めていたことを示しているかのように、ほぼすべての観光地が沿線の各駅から延びる道と繋がっているのである。

記録としての価値

三河大野駅付近を走る列車の先頭車両から煙が出ているため、開業当初の鳳来寺鉄道は蒸気機関車であったことがわかる。俯瞰図に描かれた多くの観光地は現在も変わらず訪れることができるが、馬場の桜、長山の公園、信玄鎧かけ松、穴瀧など、今は遺っていない場所もある。

かつて草競馬や桜の名所と知られた「馬場の桜」は現在、桜ヶ丘ミュージアムと呼ばれる豊川市の公共施設が建っている。また、長山駅沿線に描かれた小さな公園は、1932年（昭和7）に「長山遊園地」へと拡張整備された東三河初のテーマパークとして鉄道会社の集客事業の一翼を担った重要な場所であったが、現在は住宅街となっている。

信玄鎧かけ松は、1573年（元亀4）の野田の戦いで武田信玄が脱いだ鎧を掛けた松と伝えられ、大正末期に枯れかかったため

図1　豊川・鳳来寺鉄道沿線名所図絵　国際日本文化研究センター蔵

に伐採された。同じく自然の失われたものとして、穴瀧がある。この瀧は、1958年に宇連ダム（鳳来湖）に水没した瀧で、現在は渇水時にのみ見ることができる幻の瀧となっている。その瀧の姿は1851年（嘉永4）の『参河国名所図絵』と同様に、巨大な岩脈に開いてできた瀧であったことがわかるよう描かれている。

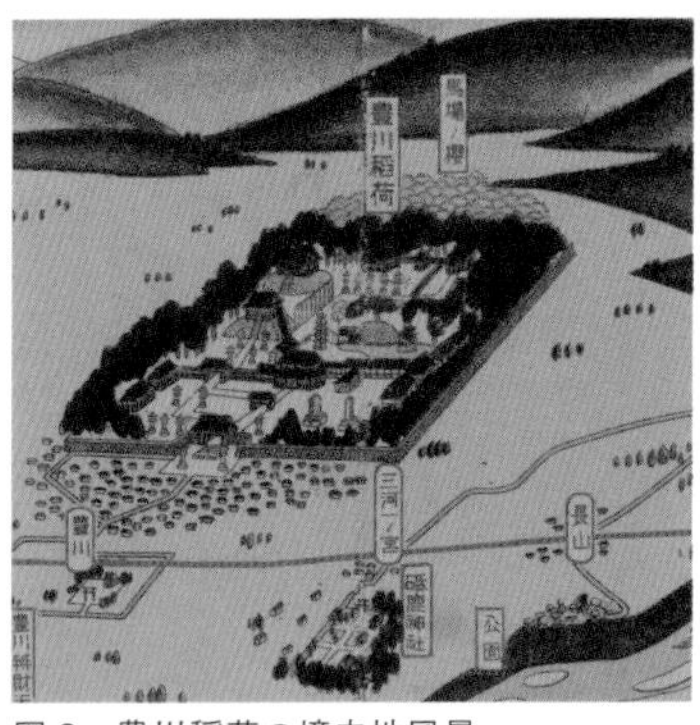

図2　豊川稲荷の境内地風景

表現の特徴

観光用パンフレットとして鉄道利用者等が目的地までの最寄り駅と駅からの移動距離や方位の目安を知ることができるように描かれている一方で、豊川稲荷と鳳来寺は各路線を代表する重要な観光地であったため、その境内地景観をディフォルメしてわかりやすく強弱をつけて一際大きく描いている（図2）。また、初三郎が得意としたこのディフォルメによって、鳳来寺鉄道の最大の特徴である長篠～有海駅間の逆S字状のカーブとなる線形を描かずに線路を一直線で描くなど、描き手の取捨選択もおこなわれていたのである。

図3　伊奈城趾

この俯瞰図で面白いのは主要な観光地の描き方である。豊川稲荷や鳳来寺では江戸時代や明治時代に数多くの境内図が作成されているが、初三郎はそれとは異なる角度、境内入り口の右斜上方から全体を俯瞰した描写としている。また、長篠城跡では伊奈城跡や野田城跡が主郭（本丸）を中心とした広場を中心に描いているものの（図3）、長篠城では現存するメイン遺構である主郭（本丸）の土塁を

図4　長篠古城趾と有海駅、長篠古城趾駅

描いて、現地の重要な歴史的、文化財的価値の高い場所をピンポイントで表現しているのである（図4）。

俯瞰図が語るもの

　図4中の「有海駅」と「長篠古城趾駅」の表記は、鉄道が開業した1923年（大正12）2月1日当時の状況と異なっている。鳳来寺鉄道開業時の有海駅の正式な駅名は「鳥居駅」で、長篠古城趾駅は1924年4月1日に新設された駅であるため、この沿線図が発行された1923年2月5日にはそもそも存在していなかった。

　これは初三郎の誤記ではなく、当時の鉄道建設が直面した問題によるものがあった。この開業1年前の1922年1月13日、長篠城跡の本丸内に線路を通す当初計画に対して地元住民らは史跡保存運動を起こし、この和解条件に長篠古戦場付近に駅を1カ所設けることが含まれていた。このことを知り得ていた初三郎が、鉄道計画の変更における未来像を予め俯瞰図に描いていたものと思われる。そして、先述した長篠城跡が本丸広場ではなく、土塁をメインに描いた理由はまさにこの点にあったのであろう。さらに、鳥居駅の名称については、長篠の戦いで活躍した鳥居強右衛門勝商（とりいすねえもんかつあき）に因んだ駅名とする鬩ぎ合いが開業間近までおこなわれた結果なのかもしれない。

　いずれにせよ初三郎の作品を通して、鉄道敷設の紆余曲折があった当時の様子を読み解くことができ、東三河の失われた景観以外にも教えてくれるものがある。

俯瞰図の制作

　1921年5月に長篠〜川合駅間の鉄道敷設が認可されていることと開業時期から、初三郎がこの俯瞰図を手がけることができた期間は1年7カ月程度であったと思われる。全国の鉄道俯瞰図作成のため多忙を極めた初三郎であったが観光地や景観などの描写は正確性が高かった。

　最後に描かれた駅舎が吉田・豊橋駅のみであったことに着目してほしい（図5）。吉田駅はとんがり屋根の駅舎として親しまれていたことから、取り上げられたのであろう。現地調査時に存在した特徴的な建物は描かれ、そうでない建物は省略された。鳳来寺鉄道の中には、三河大野駅や湯谷温泉駅のように旅館を兼ね備えた駅舎があり、その時に建物が完成していたならば、きっと複数の駅舎がこの俯瞰図に描かれていたに違いない。

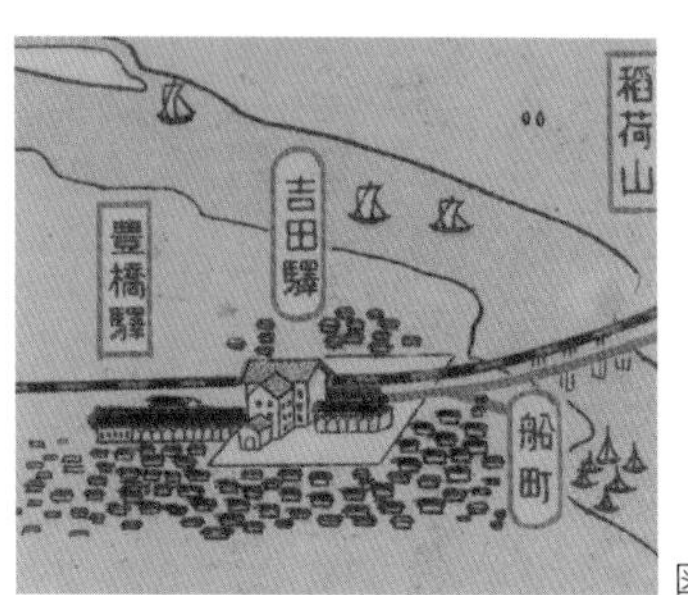

図5　吉田駅舎

三枚つくられた豊橋市鳥瞰図【豊橋市】

文／岩瀬彰利

三枚の豊橋市鳥瞰図

吉田初三郎が描いた豊橋の鳥瞰図は、戦前の1930年と1937年に刊行された「豊橋市とその附近」（昭和5年版と昭和12年版：図1）の2点と戦後の1950年に刊行された「とよはし」（昭和25年版）の全部で3点がある。なかでも昭和5年版の副題は「豊橋市を中心とせる名所交通鳥瞰図」とあり、初三郎が重視した「名所交通」という言葉が入っている。昭和5年版と昭和12年版の鳥瞰図を見比べると、構図が異なっており、描き直したことがわかる。これに対して昭和25年版は、昭和12年版の構図をもとに、豊橋空襲で焼失した部分を修正して、復興した市街地を描き直している。

標記方法

鳥瞰図に取り上げられた名所や公共施設などは、四角い枠に囲まれた白背景に縦書きで名称が標記された。特に重要なものは赤背景で表示されている。一方で、駅名は隅丸長方形の枠で囲まれて区別している。なお、核となる駅名については青色の背景色となっており、版によっては明治天皇行在所（昭和5年版）や市役所（昭和12年版）も青背景になっている。

名所の変遷

名所が赤表示になっているものだけを取り上げてみると、昭和5年版は18カ所があり、現在の豊橋市内のものは吉田城趾、吉田神社、豊橋（とよばし）、向山公園、岩屋観音、赤岩

寺、石巻山の7カ所、市外のものは浜名湖、日出石門、渡辺崋山宅趾、豊川稲荷、本宮山、砥鹿神社、長篠城趾、鳳来寺山、鳳来峡、乳岩石門であった。これが昭和12年版では全体で11カ所に減った。市内のものは岩屋観音と石巻山が下げられ、代わって県社神明社、悟真寺、大池が加わって8カ所となった。空襲後の昭和25年版では、吉田城趾、悟真寺、豊橋、向山公園、大池の5カ所に減り、市外では豊川稲荷のみとなっている。

名所の特徴を表現

初三郎が取り上げた名所は、ほとんどが吉田神社や悟真寺などの神社仏閣、吉田城趾などの史跡、大池や駒止桜などの名勝という定番のものが中心であった。これに官公庁や軍関係施設、学校、水道配水池などが加わり、さらには遊郭も掲載されている。

名所として取り上げられたもののうち、現在は遺っていないものには軍関係のものと天皇の聖蹟がある。このうち悟真寺にあった明治天皇行在所聖蹟は、青色表示されている（図2）。悟真寺は吉田の大寺院で、江戸時代には将軍が宿泊し、朝鮮通信使の宿泊所ともなった。1878年（明治11）の明治天皇行幸の際には行在所（宿泊所）となり、のちに聖蹟とされたが、宿泊した建物は空襲で焼失

図2　明治天皇行在所聖蹟（昭和5年版）

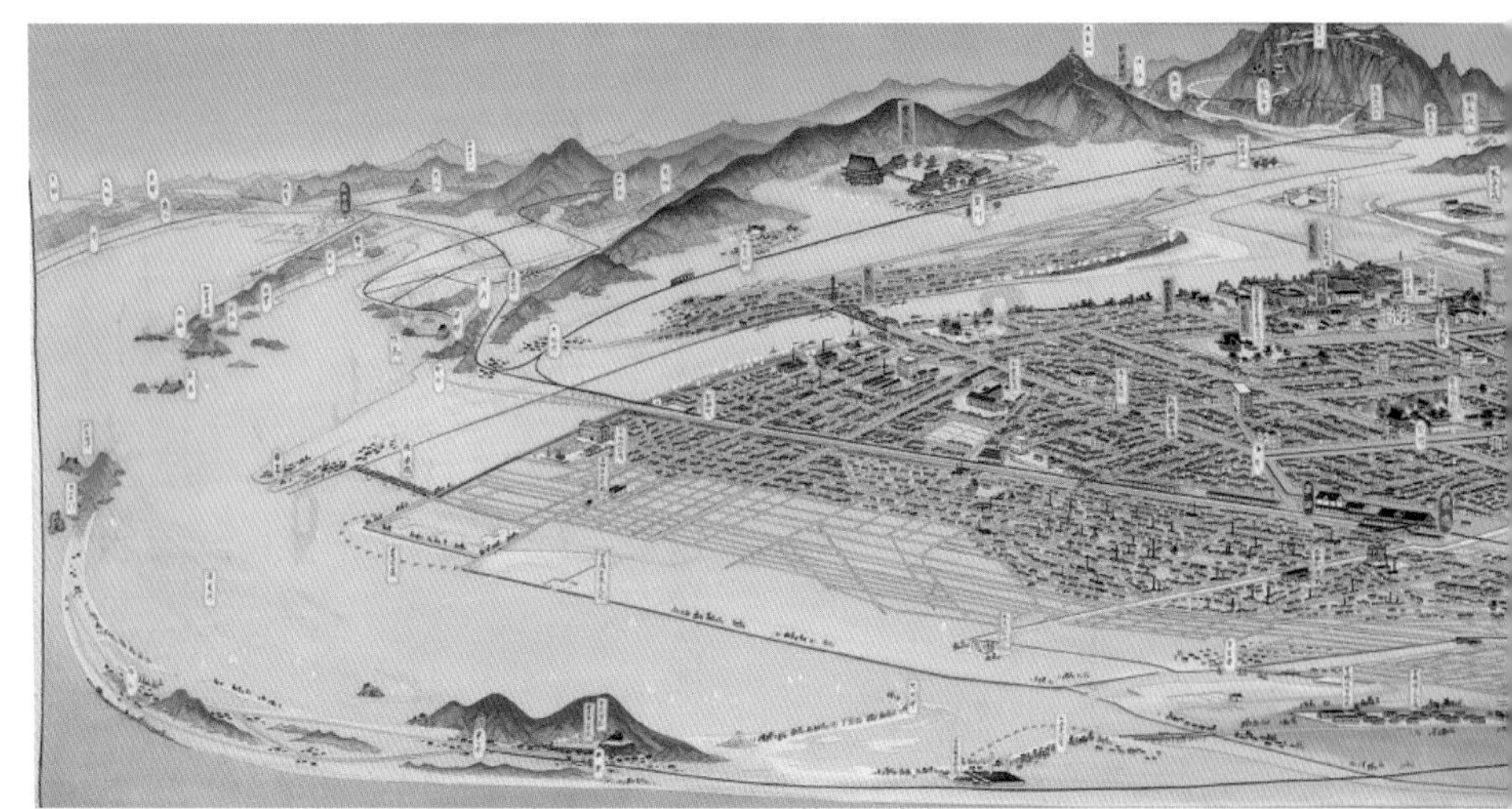
図1　豊橋市とその附近　原画（昭和12年版）

している。

また重要性の高い名所は、大きく誇張されて描かれた。市街地では、市役所や警察署などの官公庁や歩兵第十八聯隊や豊橋聯隊区司令部などの軍隊、公会堂や図書館などが集まる吉田城趾周辺（図3）が大きく扱われた。なかでも興味深いのは、歩兵第十八聯隊である。戦時中の地図では軍事機密のため空白域となって何も描かれていないが、この鳥瞰図では石垣内（本丸）に3棟の被服庫、その手前にある司令部（横長の白い建物）、石垣の左手にあるロの字形の兵舎など、建物の形や配置がほぼ忠実に描かれている。

郊外をみると、岩屋観音（図4）は頂上の観音像が大きく描かれ、その横には1927年（昭和2）の昭和天皇行幸記念の石碑が描かれている。また、背後の大蔵山はデフォルメされて低くなっているが、頂上にも御堂が描かれ、伽藍の配置がわかる。

このほか愛染明王で知られる赤

図4　岩屋観音（昭和12年版）

図5　赤岩寺（昭和12年版）

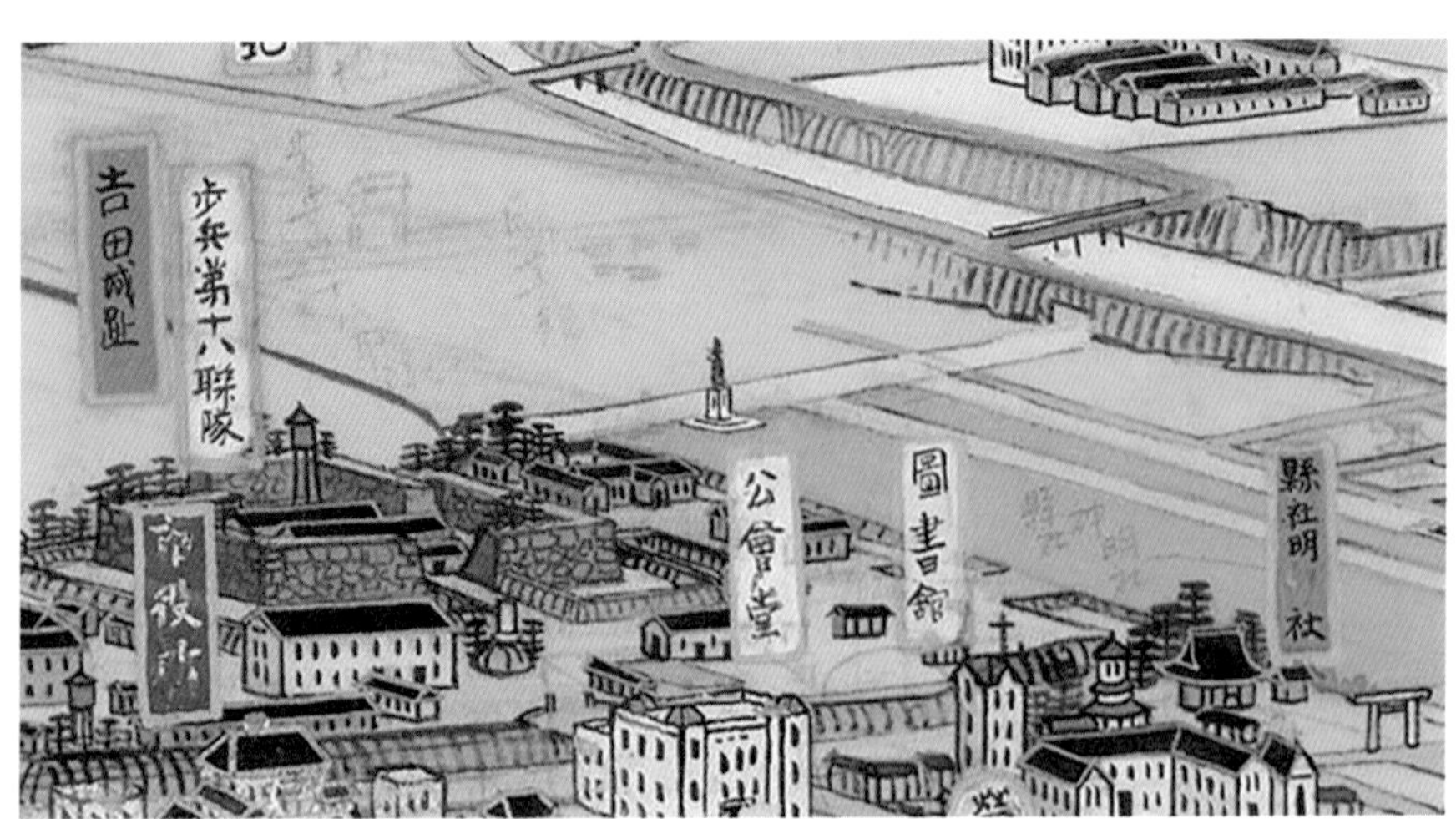

図3　吉田城趾周辺のようす（昭和12年版）

岩寺（図5）は、仁王門が手前にあり、そこから本堂までまっすぐ参道が延びている。本堂のあたりは一段高くなり、左側には愛染堂があるように、山麓の谷に広がる境内地のようすが良くわかる。また、山頂付近には愛宕神社（境内社）が描かれている。

興味深いのは、戦前に蚕都と呼ばれた豊橋を代表する産業、製糸工場が描かれている点である（図6）。今では忘れ去られているが、かつては駅より西側は製糸工場が無数にあった。デフォルメながら工場煙突を数多く描き、当時のようすを示している。

原画からわかること

昭和12年版の原画（図1）は、豊橋市図書館が所蔵している。原画は絹本に彩色されており、大きさは縦52㎝、横180㎝と大きい。よく見ると描き直す前の建物や構図下絵の線が残っている（図3の上部）。また、縣社明社と一字脱字した部分は、鉛筆の手書きで縣社神明社と修正（赤枠内）されていることも確認できる（図7）。

面白いのは、図書館の名称が表示されているのにもかかわらず、建物が描かれずに鉛筆で丸く囲まれている点である（図7）。図書館は、原画の完成した年に移転・新築している。実物写生を原則とした初三郎は、建物が完成していないために図書館を描けなかったのである。

初三郎の鳥瞰図は、戦前の失われた街のようすを伝える貴重な歴史資料というだけではなく、豊橋の都市計画や景観の姿を伝える資料としても重要である。3枚の鳥瞰図を通じて、戦前・戦後の街の変遷や発展を理解することができるのである。

＊本項の図版はすべて豊橋市図書館蔵

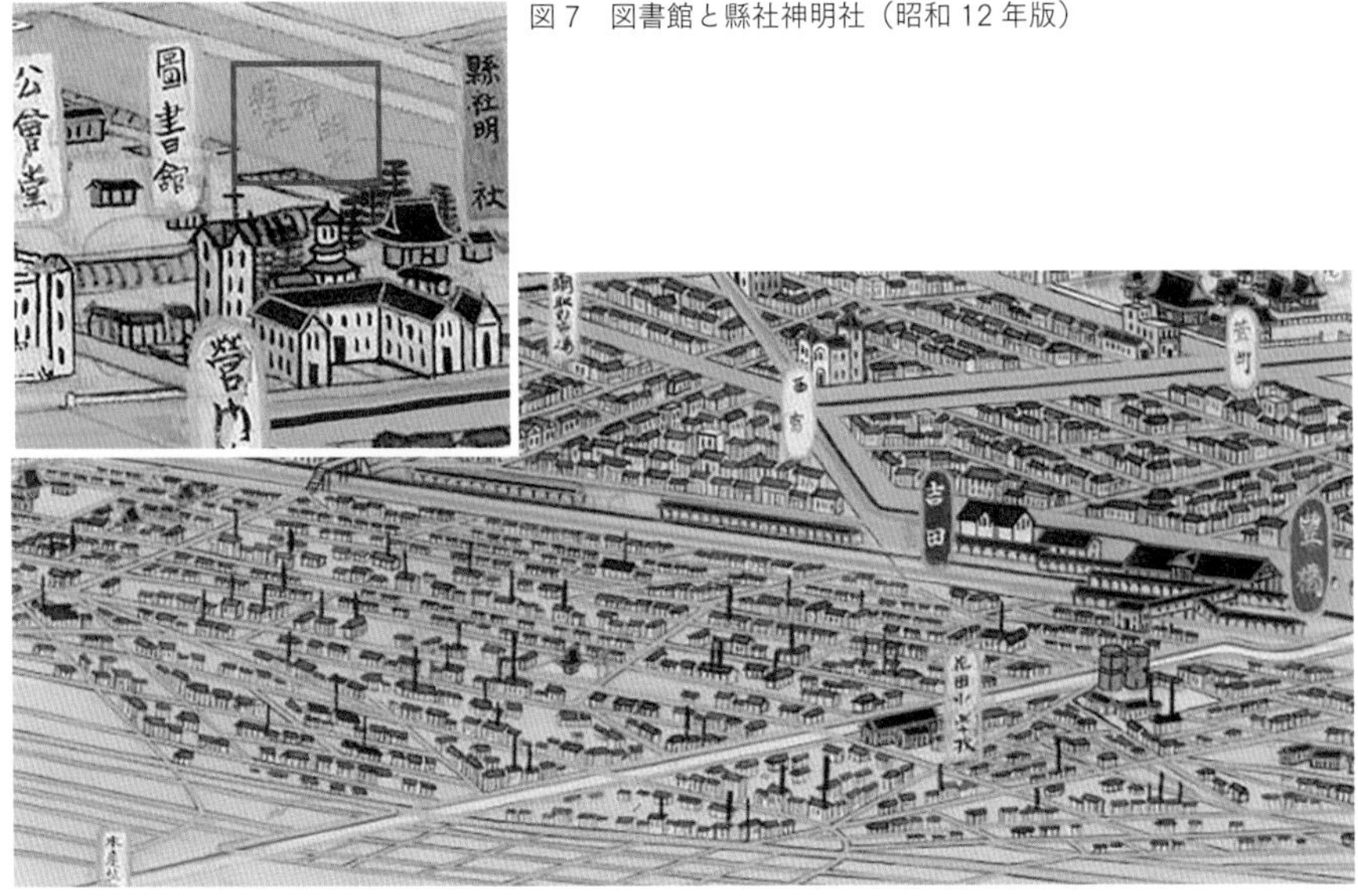

図7　図書館と縣社神明社（昭和12年版）

図6　駅西側に広がる製糸工場群（昭和12年版）

【資料紹介】昼とは趣を異にした街へご案内

夜の観光バス 【名古屋】 名古屋市交通局発行（1954年）

冊子の裏に「昭和29.8.22」付の「名古屋テレビ塔展望記念」スタンプが押されているので、このころの発行と思われる。横18㎝×縦12.4㎝、12ページの小冊子だ。昼の観光バス地図には、午前9時と午後1時30分の1日2回、所要時間4時間、降車場所は、名古屋城、熱田神宮、東山動植物園、中村公園とあるが、夜の案内図には出発時刻や降車場所などの記載はない。どのような運用がなされたのかは不確かだが、夜景の図版入りで紹介されている場所は以下のとおり。名古屋駅、NHK、名古屋港、ナゴヤアイスパレス、大須観音、鶴舞公園、広小路夜景、スイングスイングスター（ミュージカルキャバレー）、名古屋城。（→本書の各扉も参照）

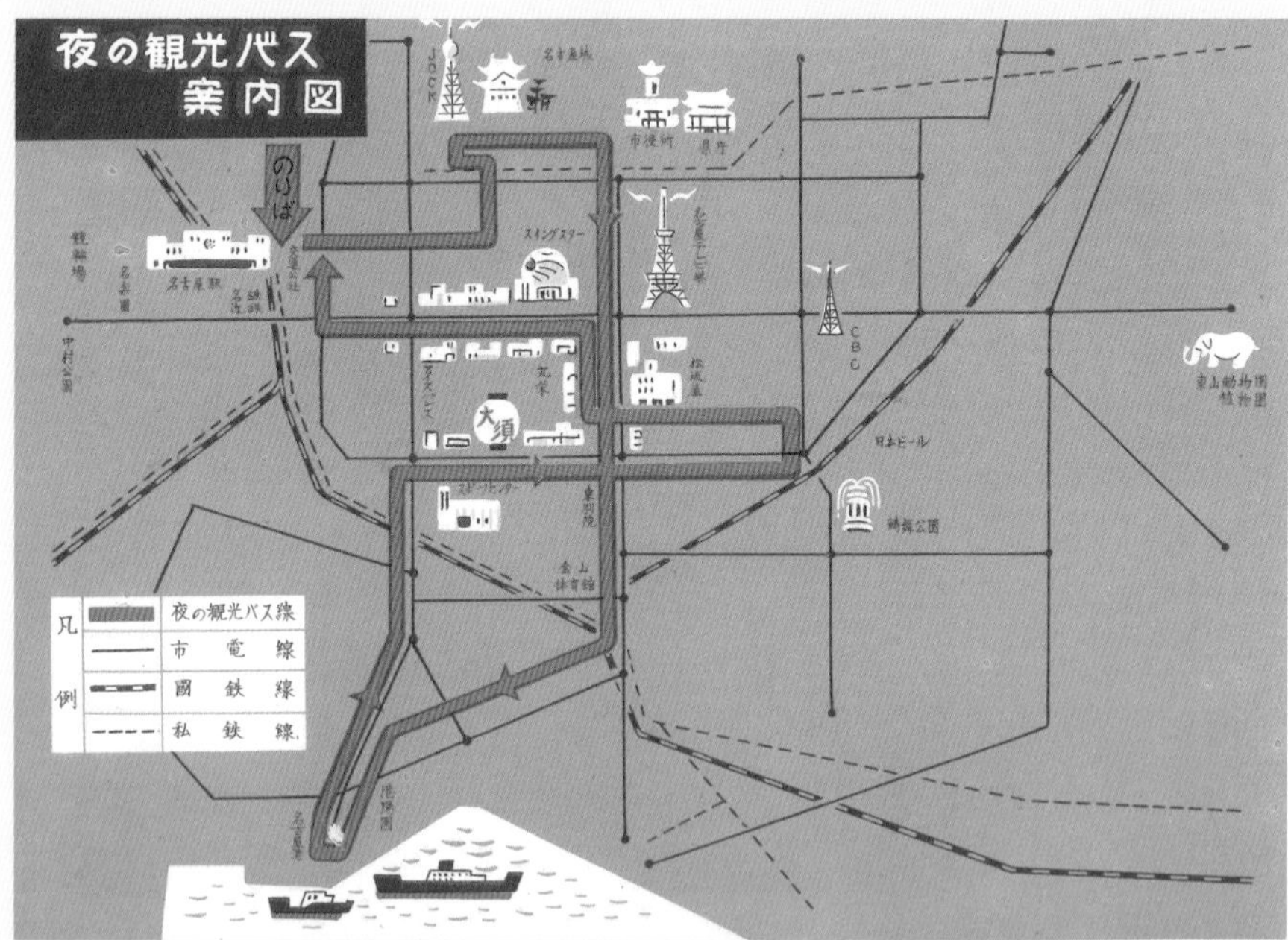

名古屋駅

鶴舞公園

Ⅳ
都市のなかの「名所」

スイング
スイングスター

最後のおたのしみは夢の国、夜の観光にはなくてはならないミュジカルキャバレーである。赤に青に交錯する五彩のライト「ルンバ」や「ジルバ」の快よいメロデイ、さては豪華なショウ、老人には昔の夢を、若人には明日への憧を思い出させる事でしよう、出された冷い紅茶にほつと一息、とたん音楽は日本調に変つてゐる。

スイングスイングスター（1954年、名古屋）「夜の観光バス」

若者文化を発信した栄・クリスタル広場【名古屋市】

文／長坂英生

「サカエチカ」の象徴

名古屋のど真ん中、栄交差点界隈下地下街「サカエチカ」にある「大同特殊鋼 Phenix スクエア」（図1）は長年、「クリスタル広場」の名で親しまれ、かつては「若者文化の発信地」だった。

同広場は1969年（昭和44）11月11日、「サカエチカ」の誕生とともに設置された。同地下街には当初、97店舗が入店。このうち飲食店は21店舗で、それ以外はファッション、時計貴金属といったオシャレ系の店を集めたのが特徴。自称「おしゃれ町一番地」。

そのシンボルとなったのが「クリスタル広場」。東西南北の商店街が交わる栄交差点直下にあり、36m四方、1000㎡余もある。広場中央には通称の由来となった高さ1・8m、重さ5トンのクリスタル彫刻「クリスタル・シャトー」が設置された。材質はガラスよりも屈折率の高い鉛クリスタ製で、彫刻の上下から照明を当ててキラキラと輝かせた。「鉛クリスタルの製品としては世界一高価」という触れ込みだった（図2＝1970年撮影）。

フォーク集会からラジオスタジオへ

「クリスタル広場」周辺は名古屋の若者文化の発信地になった。最先端のファッションが並ぶ店舗のほかにも鎌倉文庫、日進堂、星野書店といった書店、レコード店の音楽堂といった店舗が集まり、若者たちでにぎわった。また「サカエチカ」オープンと同時に、「ク

図１　「大同特殊鋼 Phenix スクエア」（2023年５月撮影）

図２　1970年６月15日のクリスタル広場

リスタル広場」に面して誕生した「栄ニッサンギャラリー」は地下街のカー・ショールームとして人目を引き、名古屋栄の待ち合せ場所のひとつになった。

「クリスタル広場」開設当時、栄の地上では若者たちの反戦フォーク集会が盛り上がり見せていた。政治色を帯びてくると当局の規制が強まり、行き場を失った若者たちは同年11月、同広場でフォーク集会を開催（図3）。文字通り「地下」に潜ったわけだが、この活動も警察官に蹴散らかされて12月には終わりを迎えた。

「音楽の火」を受け継いだのは当時、若者文化の象徴のひとつだったラジオだった。

「サカエチカ」オープン1年後の1970年10月10日から東海ラジオが「栄ニッサンギャラリー」にオープンサテライトスタジオを設け、生放送を発信。サカエチカに集まった若者がパーソナリティーのおしゃべりやゲストのミニコンサートなどを楽しんだ（図4）。

デパートにも「新たな風」送る

オープン後、各専門店の充実で「サカエチカ」への人出は年々増え続け、沈滞気味だった栄一帯に新しい風を吹き込んだ。

「見て楽しく、買うのに手が届く商品がいっぱい。庶民的なものにちょっぴりエリート的なものが加わっているのが魅力。名古屋駅前地下街などで買い物をしていた人たち、特に若い層がどっとサカエに流れ込んできた」（1971年9月19日の「名古屋タイムズ」記事）。

その波及効果を受けたのは百貨店。丸栄とオリエンタル中村（現名古屋三越）は地階が「サカエチカ」と連結したため、地下街の人の流れが吸い込まれ売り上げが上昇した。

図3（右上）　1969年11月15日のクリスタル広場フォーク集会

図4（右下）　1972年3月23日の東海ラジオ ニッサンギャラリーサテライトスタジオ

図5（上）　クリスタル広場はしばしばリニューアル。写真は1999年12月撮影

名古屋栄の待ち合わせ場所だった「エンタル」のペット君【名古屋市】

文／長坂英生

観覧車のある百貨店

名古屋・栄交差点の東南角に立つ名古屋三越。その玄関口には交差点を向いてライオンの像が置かれている。かつて名古屋三越がオリエンタル中村百貨店と呼ばれていたころ、そこに建っていたのはカンガルーの像（図1）であった。カンガルーからライオンへ――。その経緯をたどってみよう。

オリエンタル中村の前身・中村呉服店は明治期に、現在三菱UFJ銀行名古屋ビルのある場所に進出した。１９５４年に現在地に3階建てのオリエンタルビルが建てられると、そこに入居。同年12月に「オリエンタル中村」として開業した。図2は同年のクリスマスセール。屋上に日本初の屋上観覧車などのある子ども遊園地がつくられ、これが大評判となって家族連れでにぎわった。１９５６年には7階建てに増床。この際、屋上観覧車も新設された。日本最古の屋上観覧車として国の登録文化財となり現存するのは、この二代目である。

場所柄、同店の玄関口は名古屋栄の待ち合わせ場所になった。図3は１９５７年5月の様子である。

イメージは「ファミリー」

この場所に黄金に輝くカンガルーの像が建ったのは１９６２年12月のこと。高さ2・61ｍ、幅85㎝、奥行き2・35ｍで、お腹の袋からは子どもカンガルーが顔をのぞかせている。腕と腰のあたりには電気がついた。

図１　1966年1月16日　オリエンタル中村前カンガルー

図２　1954年末、オリエンタル中村クリスマス飾り

こうした類の像はブロンズが主流だが、FRP（繊維強化プラスチック）製という異色の素材。このため重さは80kgと意外に軽い。手掛けたのは日本のグラフィックデザイナーの草分けだった元愛知県立芸術大学学長の河野鷹思氏であった。

なぜカンガルーなのか？設置時の記事や関係者によると、当時「ファミリー」という新語が使われはじめており、「袋のあるカンガルーがファミリーのフィーリングにピッタリ」と、カンガルーを同店のペット（いまでいうキャラクター）にした。また、「ピョンピョン」と社業も飛躍するようにとの願いも込められたとか。

盗難も頻発

さて、カンガルー像ができると、「エンタル（オリエンタル中村）のカンガルー前」が合言葉になり、ますます同店玄関前は栄の待ち合わせの定番となっていく。のちに栄の待ち合わせ場所となる中日ビル（1966年竣工）やサカエチカ・クリスタル広場（1969年開業）はなかったからだ。なかには、ここで出会ったカップルもいた。

有名になると良からぬことをする不届きモノがいる。袋から顔を出してる子どもや親の耳が何度も盗まれた。FRPは頑丈で、例えば親の耳に子どもがぶら下がってもビクともしなかった。このため、「何らかの道具を使ったのでは」と推理された。

1980年、オリエンタル中村は名古屋三越百貨店に改称（図4）。カンガルー像に代わってライオン像が設置される。カンガルーの親子は名古屋三越の屋上に移動し、今も屋上観覧車とともに余生を送っている（図5）。

図３（右上）　1957年５月16日　オリエンタル中村前。カンガルー像はまだない

図４（右下）　1980年10月１日　名古屋三越開店。写真奥にライオン像

図５（上）　2023年８月撮影

ビジネスパーソンたちの熱いスポット　名鉄レジャック【名古屋市】

文／長坂英生

「白い街」の「白い館」

名古屋駅前の商業ビル「名鉄レジャック」が2023年3月末に営業を終了した。同ビルは1972年11月15日にオープン、数々のレジャーを提供した。

開業時の同ビルは地上8階、地下2階で名称は「メイテツレジャック」。当時、名駅前には名鉄百貨店、近鉄ビル、豊田ビルなどショッピングと食事、映画の施設には事欠かなかったが、サウナやボウリング場などレジャー施設をそろえた「レジャック」は斬新だった（図1＝オープン時の新聞広告）。

キャッチフレーズは「白い館」。当時、石原裕次郎が名古屋の街名を織り込んだ歌「白い街」が、名古屋の代名詞。「白い街」には「白い館」というわけで、ビル全体を白いタイルで外装、名古屋初のシースルーエレベーターを採用（図2＝1998年撮影）。開業を前にした完成式には桑原幹根愛知県知事（当時）ら約1000人が出席、三原綱木・田代みどり夫妻、由美かおるらタレントが1日店長を務めて来店者に愛嬌をふりまいた。

サウナ、ボウリング場……

総工費27億円、延べ1万5392㎡。地下2階は駐車場で、地下1階はすし店やラーメン店、喫茶店など飲食店が並んだ。3階が女性美容サウナと中京テレビのスタジオなど、4階は全フロアが男性サウナで「スチームサウナ」「低

図1　メイテツレジャックオープン時の新聞広告（1972年11月10日付け名古屋タイムズ）

温サウナ」「高温サウナ」があり、プールサイドの人工芝にはゴルフのパターやトレーニング器具をそろえるという気の配りよう。

5〜7階は最新マシンを導入したボウリング場「レジャックスカイボウル」。5階がファミリー向けで、6階は中級・上級者の練習や団体・グループの大会向け、7階はデラックスなムードの中で女性インストラクターによるコーチを受けることができた。

8階はエレベーターを降りると憩いの森をイメージしたパブ「サンセブン」。劇場並みのワイドステージがあり人気歌手のショーを見ながら食事を楽しめた。また世界各地の観光名所を映像で紹介するトラベルコーナーやダンスフロアも。オープニングではダニエル・ビダルらのショーがあり、ファッションショーが連日繰り広げられた。

バニーガールやディスコも登場

その後も時代の流行に合わせてゲームセンターやアイスクリーム店、日焼けサロンなどがオープンした。1975年5月には、8階に「パブロイヤル」が誕生。ここにバニーガール登場して、健康的なお色気が人気を呼んだ（図3）。

さらに同年12月には7階にディスコとバイキングを併設したパブ「ステージ7」（図4）がオープンした。「ハッスルホール」と名づけられたディスココーナーは壁と天井が鏡張り、床が大理石で、連日若者たちがバイキングコーナーと行き来しながら汗を流した。

レジャックは、仕事も遊びも一生懸命のビジネスパーソンたちの熱いスポットだった。

図2（右上）　白い外観とシースルーエレベーターが特徴のレジャック（1998年撮影）
図3（上）　1975年5月に開店した「パブロイヤル」のバニーガール
図4（右下）　1976年2月17日、メイテツレジャックのディスコ・ステージ7

栄発展の起爆剤となった中日ビル【名古屋市】

文／長坂英生

初代中日ビルができたころ

名古屋栄のシンボル・中日ビルの初代が誕生したのは１９６６年（昭和41）４月26日。その威容と功績を振り返ってみよう。

初代中日ビルがオープンしたころの名古屋栄は、地下鉄東山線が開通（名古屋〜栄町〜東山公園）していたが、名城線（２号線）は栄町〜市役所のみ。栄の地下街も地下鉄駅に付随していた程度で、栄交差点直下はまだ、固い土に埋まっていた。

地上では松坂屋、オリエンタル中村（現・名古屋三越）は増築前。そんな栄に誕生したのが中日ビルだった。図１はさらにその前、１９５７年３月の栄バスターミナル。写真上の建物がある場所に中日ビルが建つ。

超デラックスビル出現

〈デラックスずくめの「中日ビル」〉〈中部随一　躍進名古屋の新名所〉――。完工式を前にした同年４月24日、名古屋タイムズの特集紙面に活字が躍った。

記事によれば、中日ビルは１９６３年11月に着工、２年５カ月の歳月と75億円がつぎ込まれた。地上12階塔屋４階建て、塔屋までが53ｍで名古屋城より約２ｍ高かった。中部地方一、日本で５番目の大きさ。印象的なのは、その渋い外観である（図２）。

〈外観は、陽光にはえるブロンズ色。３階から12階にはめ込まれた１７４５枚の窓ガラスは、ブロンズ・ペインと呼ばれる窓ガラスの

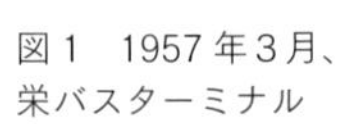
図１　1957 年３月、栄バスターミナル

図２　2002 年３月、中日ビルと栄バスターミナル

色が主調。厚さ8ミリと6ミリのガラス2枚が合わされ、この間12ミリが真空。ガラス自体が外部からのムダな光線を吸収し冷暖房効果満点。外側からビルを照らし出す蛍光灯が3500本もとりつけられ、夜はまさに〝不夜城〟〉

中日ビル玄関は栄の待ち合わせ場所のひとつだった。訪れた人の目を奪ったのが玄関のモザイク天井画だ。縦10m、横20m、ベルギー産の大理石、ガラスモザイク11万個が使われた矢橋六郎氏作「大空の饗宴」。年末恒例の女子大生らによるクリスマスキャロルもサカエ名物だった（図3）。

中日劇場と名物・回転展望台

中日ビルといえば中日劇場と屋上の回転レストラン。同年5月に開場した中日劇場（7～12階）は補助席を入れると約1700人を収容。御園座、名鉄ホールに次ぐ、名古屋第3の大劇場。その誕生は「芸どころ」復活を期待させた。こけら落としは加賀まりこと北大路欣也主演の舞台「オンディーヌ」など華やかに開催（図4）。

回転レストラン（スカイラウンジ）は直径22mで、1時間に1回転するレストランで、名古屋を一望しながら食事と喫茶が楽しめた。地下2階～地上3階は「中日ビルタウン」で、東西のうまいものを集めた飲食店、専門店が並んだ。ドラゴンズの球団事務所もあり、1974年のセリーグ優勝時にはパレード後に監督・選手がバルコニーからあいさつした（図5）。

中日ビルの誕生後、100m道路によって分断され発展を妨げられていた栄東を栄中心部に結びつけ、栄そのもののスケールを一気に東に拡大させた。ひとつのビルの出現が地域開発につながったことも忘れてはならない。

図3　1996年12月、恒例のクリスマスキャロル。写真上がモザイク天井画

図4（右）　1966年5月、舞台「オンディーヌ」に出演した加賀まりこと北大路欣也

図5（左）　1974年10月14日中日優勝パレードで熱狂する中日ビル前

伝説のアミューズメントセンター「社交会館」【名古屋市】

文／長坂英生

外壁デザインは杉本健吉

名古屋のメインストリート広小路の柳橋交差点。その北西にかつて娯楽の殿堂「社交会館」があった（図1）。立志伝中の人、山田泰吉氏（図2）率いる中部観光が1958年（昭和33）10月1日にオープンした。

1階がパチンコやスマートボールなど500台を備えた遊技場「ラスベガス」（図3）、2、3階は400人の美女が出迎えるアルサロ「ゴールデンスター」、5、6階が東洋一と豪語するダンスホール「シルバースリッパー」（図4）。地下にはラテンアメリカ風ジャズ酒場「安全地帯」。「世界的水準の社交・娯楽」と銘打ち、今の名古屋ではちょっと想像できないゴージャスな空間だった。

「音楽」をテーマにした建物も斬新だった。広小路に面した外壁は道路と反対側に湾曲。そこに黒のタイルを敷き詰め、白大理石を細かく砕いた白線で、上空に舞い上がる5人の女性像が描かれた。デザインは名古屋出身の杉本健吉画伯。古代土器の模様を想起させ、かつ現代的な女性像。白と黒の対比でオシャレな外壁に仕上げた。のちに屋上に光り輝く渦巻きのようなオブジェを設置してこちらも評判になった（図5）。

スター集結のこけら落とし

こけら落とし公演には伝説のエンターテナーが顔をそろえた。まず、10月1～3日が当時、人気絶頂の歌手三浦洸一、14日が歌手コ

図2　「夜の帝王」山田泰吉氏（1977年撮影）

図1　社交会館（1958年撮影）

ロンビア・ローズ、21日〜31日はハナ肇とクレージー・キャッツ。11月1日〜10日には、すでに渡辺プロダクションを立ち上げていた渡辺晋がシックスジョーズを率いて公演。のちにザ・ピーナッツの楽曲を数多く手掛ける作曲家の宮川泰がピアノで参加した。11日〜20日はジャズの平岡精二とクインテット、21日〜30日はジャズドラマーのジョージ川口とビックフォア。テナーサックスは松本英彦、アルトサックスに渡辺貞夫が参加した。

「国際観光都市」の夢

　中部観光の社長山田泰吉氏は１９０１年（明治34）に岐阜県の山村で12人きょうだいの6番目に生まれた。活動弁士、飲食業など様々な経験を経て、保険の外交員となった。敗戦後の１９４８年に名古屋で中部観光を設立。パチンコ店、キャバレーにも進出。欧州旅行で立ち寄ったパリのキャバレー「リド」で見たショーに触発されて「社交会館」を開店した。それは「青年都市」といわれた名古屋を「国際観光都市」に飛躍させようとした男のロマンの結晶だった。

　東京五輪を控えた１９６１年10月に東京・赤坂に世界最大規模のレストラン・シアター「ミカド」をつくったが倒産。すべてを失ったが、その後もレストラン経営、石油発掘など夢を追った。その原動力は戦中の保険会社時代。１９４５年8月6日、広島支店長だった山田氏は代理店会議で偶然広島を離れ、原爆の魔の手を逃れた。「あのとき、死んだと思えば…」と戦後はがむしゃらに生きたのだった。山田は１９８８年に波乱の生涯を閉じた。

図3　1958年10月、社交会館のスマートボール

図4　1958年、社交会館のダンスホール

図5　夜の社交会館（1960年撮影）

芸能人御用達、御園座の地下にあったボウリング場【名古屋市】

文／長坂英生

名古屋初の完全自動式を導入

1963年（昭和38）9月、名古屋の老舗劇場「御園座」の地下にボウリング場「みそのボウリングセンター」がオープンした（図1）。名古屋初の完全自動式のボウリング場（18レーン）で、舞台の合間に興じる芸能人もいて名古屋の名所の一つだった。

本場アメリカで大流行していたボウリング。日本初のボウリング場は1952年、東京・青山にできた。名古屋初の民間のボウリング場は1960年、千種区の今池ヘルスセンター（現・サウナウェルビー今池）5階にオープン。日本で2番目のボウリング場で、6レーン、手動式だった。

そして、名古屋で2番目、完全自動式としては名古屋初のボウリング場として誕生したのが「みそのボウリングセンター」だった。

新生・御園座の目玉施設

御園座は1897年（明治30）5月、市川左団次一座のこけら落としで開場した。1945年の名古屋空襲で全焼するが、戦後まもなく、1947年10月には再建した（図2）。ところが、1961年2月27日、失火による火災でほぼ全焼した。

御園座会館として再建、開場したのは1963年9月1日。地上8階、地下2階建て。1、2階が劇場（1817席）、3階が食堂・美容室、4～7階が貸事務所、8階が貸しホール、地下1階が食堂街。そして地下2階に喫茶、理容

図1　1963年9月に開場した御園座地下の全自動ボーリング場

図2　1958年、全焼前の御園座

室などとともに「みそのボウリングセンター」がオープンした。劇場だけではなく飲食店街やボウリング場のある「レジャーセンター」として再出発したのである（図3＝1997年の消防訓練）。

さて、当時の新聞記事によると同センターは、毎日午前10時〜午後11時に営業。1ゲーム250円で、年間会員は入会金・会費合わせて9万円。少し高いように思えるが、1年後には入会金は返済された。また、パーフェクトゲームを達成すると、トヨペット・クラウンデラックスが贈られたという。

芸能人が腕前披露

御園座のこけら落としは十一代目市川團十郎の襲名披露公演で、連日満員の大盛況（図4）。チケットが買えずにあぶれた人たちも劇場の見物に訪れた。

一方、「みそのボウリングセンター」も連日約1500人が詰めかけ、満員御礼。「上の劇場とは違って、遊びに来るのは20歳前後の若者ばかり。赤いスカートをはいた女の子や学生がほとんどで若者の天国といった感じ」と当時の名古屋タイムズ。

その後も劇場側は同ボウリング場を最大限に活用。「親善ボウリング大会」と銘打って公演中の俳優たちが腕前を披露。メディアがそれを取り上げて、公演とボウリング場双方の宣伝となった（図5）。

その後、テレビで女子プロボーラーの人気に火がつき、ボウリング熱は過熱。1971年9月現在で、名古屋市内のボウリング場は35カ所（1672レーン）。同年の増加率は日本一というフィーバーぶりだったが、次第に下火となり、「みそのボウリングセンター」も1974年に閉場した。

図3　全焼から36年後の1997年2月27日、御園座でおこなわれた消防訓練

図4　1963年、全焼から再建した御園座のこけら落としに詰めかけた京都の舞妓さんら

図5　1967年2月19日みそのボーリング場の岡田茉莉子

名古屋のシンボル・名古屋テレビ塔の変遷【名古屋市】

文／長坂英生

日本初の集約電波塔

名古屋のシンボル・名古屋テレビ塔（中部電力MIRAI TOWER）は1954年（昭和29）6月に竣工した（図1）。2022年12月には国の重要文化財に指定され、新たなスタートを切った。70年に及ぶ歴史を用途の変遷とともに振り返ってみよう。

1953年にNHK東京放送局と日本テレビがテレビ放送をスタートすると、名古屋でもNHK名古屋放送局とCBC（中部日本放送）がテレビ放送の準備を開始した。東京では各テレビ局がそれぞれ電波塔を建てていたが、名古屋では日本で初めて電波塔を一本化（集約電波塔）することになった。1953年7月、地元財界や行政によって「名古屋テレビ塔株式会社」が設立され、「オール名古屋」でこのプロジェクトに取り組んだ。

建設場所は、名古屋の戦後復興事業の象徴・100m道路「久屋大通公園」のど真ん中。単なる電波塔ではなく展望台などの施設を入れて「観光の新名所」にしようと計画した。

名古屋観光の目玉

完成した名古屋テレビ塔（図2）は高さ約180m。地上14～24mに3層構造の建屋。ここにNHK名古屋放送局とCBCの送信所を設置。そして地上90mには展望台を設けた。このころ名古屋市内で最も高い建造物は栄の8階建ての丸栄百貨店（8階建て）で高

図1　1954年6月、名古屋テレビ塔一般公開

図2　1954年4月、完成間近のテレビ塔を空撮

さ40m。それを優に超えた。

名古屋テレビ塔は開業1年もたたずに来場者100万人を突破、観光名所となった。話題の名古屋テレビ塔に昇ろうとタレントや文化人、スポーツ選手ら東西の著名人が訪れ、それがまた話題になった。テレビ局送信所の外周に見学用回廊を設けたため、毎日のように子供らが社会見学で訪れた。

様々なイベントもおこなわれた。竣工翌年1月には初の結婚式がおこなわれ（図3）、その後も多くのカップルが将来を誓い合った。1956年、展望台まで393段の階段を駆け上がるクライミング競走（図4）は今も語り草だ。映画撮影やテレビの生放送も頻繁におこなわれ、テレビ塔直下や周辺では、名古屋まつりや政治演説会、集会、スポーツ大会、ラジオ体操（図5）などが繰り広げられた。

ホテルも入居の新時代へ

その後、東海テレビ放送、NHK教育テレビ、名古屋テレビ放送が名古屋テレビ塔から放送を開始。2005年には国の登録有形文化財に認定、2008年には「恋人の聖地」に選定された。

テレビ用電波がアナログ放送からデジタル放送に切り替わり、テレビ塔も2011年に電波塔としての役割を終えた。2019年には耐震工事を含めた開業以来の大工事を実施。建屋内部も一新し、2020年9月にグランドオープンした。

目玉は4・5階の「THE TOWER HOTEL NAGOYA」（図6）。全15室、既存の意匠を活かしながら、アーティストの作品やこだわりのインテリアで宿泊客をもてなすホテルは、国内外で高く評価されている。

図3　1955年1月、名古屋テレビ塔内で初の結婚式

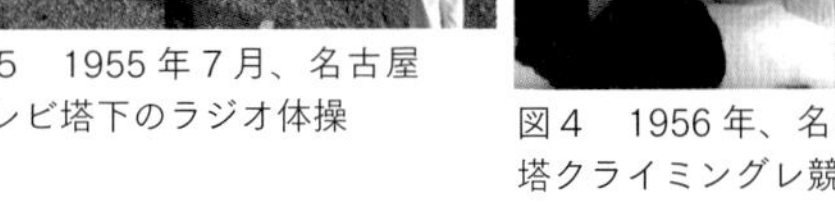

図5　1955年7月、名古屋テレビ塔下のラジオ体操

図4　1956年、名古屋テレビ塔クライミングレ競走

図6　THE TOWER HOTEL NAGOYA の一室
THE TOWER HOTEL NAGOYA 提供

明治の産業遺産・半田赤レンガ建物

【半田市】

文／馬場信雄

半田赤レンガ建物のあゆみ

名鉄河和線住吉町駅の東方向、半田市榎下町に偉容を誇る赤レンガ建物がある。これが国の登録有形文化財、近代化産業遺産の半田赤レンガ建物である。かつて五大ビールメーカーの一社と言われた「カブトビール」をつくっていた。

１８８７年（明治20）、中埜酢店（現ミツカン）四代目中埜又左衛門と、その甥の盛田善平（後に敷島製パン創業）が半田市堀崎町に丸三麦酒醸造所を開設した。

その後順調に売上を伸ばし、増産のため１８９６年に資本金60万円、現在価値では約30億円の丸三麦酒株式会社を設立し、１８９８年に赤レンガのビール醸造工場を建設した。建物基本設計図・ビール製造設備・技術者をすべてドイツから、また実施設計を明治建築界三巨匠の一人、妻木頼黄（つまきよりなか）に依頼した。妻木頼黄は官僚建築のトップで、横浜赤レンガ倉庫の設計で有名である。半田赤レンガ建物には煉瓦が約２４０万個使用され、現存する煉瓦建物として全国で第4位の大きさである。ビールづくりに不可欠な低温環境を維持するために現在ではほとんど例を見ない、中空構造を持つ複壁や多重アーチ床など、当時としては最先端の技術でつくられた。カブトビールは全国に販売され、１９１３年には業界シェアが12％を占めるまでにいたった。

ユニークな広告宣伝

創業当時のブランド「丸三ビー

リニューアル後の半田赤レンガ建物

赤坂の芸子萬籠を使ったポスター
一般社団法人赤煉瓦倶楽部半田蔵

創建時の半田赤レンガ建物　清水建設提供

ル」は無名だったため、大手のエビス、アサヒ、サッポロ、キリンに対抗するために奇抜な宣伝を展開した。

1890年頃、東京で苦学生を集め赤白の服を着せ、酒屋の店先でビールの宣伝演説をさせた。この盛田善平のユニークな宣伝が功を奏し、東京市内で丸三ビールの販売量が増加した。また京都で開催された第4回内国勧業博覧会でアサヒビールに対抗して、出店したビヤホールで、京都の芸者を雇い赤前掛け赤タスキの格好をさせ給仕させたところ、マスコミが書きたて全国的に評判となり、販売量が醸造所の製造能力を上回り、1898年の半田赤レンガ建物の投資につながった。

その後、時代の波にのまれ、また戦争にほんろうされ強制的に衣糧倉庫となり、1943年に工場閉鎖となった。

戦後～現在まで

戦後、日本食品化工がコーンスターチ工場として使用していたが、設備の老朽化で1994年に撤退を発表。売却先が見つからず、更地の土地として売却するために半田赤レンガ建物東棟の解体が始まったが、当時の半田市長が英断し、1996年に正式に半田市が購入した。その後市民団体が明治当時のカブトビールを復刻し販売したところ、マスコミに大きく取り上げられ、これが大きな力になり、2015年に毎日見学できる施設整備へとつながった。また2022年には、旧名古屋駅前に建てられていたカブトビール広告塔を当時そのままに再現した。この広告塔はスタジオジブリ作品「風立ちぬ」に出てくることから、シンボルタワーとして存在感を増している。

再現されたカブトビール広告塔
一般社団法人赤煉瓦倶楽部半田蔵

解体されている様子

刈谷のイメージを変えたハイウェイオアシス【刈谷市】

文／長澤慎二

全国3位の集客力

刈谷ハイウェイオアシスは伊勢湾岸自動車道の刈谷パーキングエリア（ＰＡ）と刈谷市が設置する岩ヶ池公園との複合施設で、第三セクターの刈谷ハイウェイオアシス株式会社が運営している。テーマパークでは東京ディズニーリゾート、ユニバーサルスタジオジャパンに次ぐ全国第3位の集客があり各種媒体でも度々紹介されている。産業都市刈谷のイメージを変えたと言っても過言ではない。

サービスエリアの概念を変えた

伊勢湾岸自動車道は当初名四国道（国道23号線）のバイパスとしての性格が強かったが、１９８０年代に第二東名、第二名神のルートに組み込まれるようになると、高速自動車国道としての整備が進められていった。１９９３年に日本道路公団は第二東名高速道路が通るとされた「刈谷市東境町吉野」を候補地として、刈谷市にＰＡの設置を打診した。

これを受けた刈谷市は、単なるＰＡでは市へのメリットは少ないと考え、一般道路からもアクセス可能なハイウェイオアシスの建設を検討し始める。この時、市は岩ヶ池周辺の都市公園化を計画しており、これと一体的に整備をおこなえば市民にとっても高速道路利用者にとっても有益になると考え、整備の機運が高まっていった。

１９９５年3月に策定された計画書（「第二東名刈谷ハイウェイオアシス計画概要書」）によると、市

現在のハイウェイオアシスは観覧車がシンボル

公園内に遊具を設置

の魅力を発信する「オアシス館」や電動カートに乗ることができる「交通レクリエーションゾーン」など現在にも反映されている面はある。しかし飲食や物販のスペースは少なく、中心に昇降式の「回転展望台」が設けられるなど、現在の姿とは異なっている。

１９９７年3月、建設省から事業の承認が下り、刈谷市は日本道路公団と基本協定を締結した。整備方法について刈谷商工会議所へ意見を求めたところ、商工会議所は民設民営を提案、１９９９年4月には「刈谷ハイウェイオアシス株式会社」が設立された。商工会議所会員を中心に19社が出資し、初代の社長は「カリモク」で有名な刈谷木材工業株式会社代表取締役社長の加藤英二、副社長に駅弁販売で有名な株式会社だるま代表取締役社長の内藤耕造が就任し、「オール刈谷」で進められていった。（その後、ＰＡ部分に関しては市が出資する第三セクター「オアシスタウン刈谷」が整備）

加藤は設計を当時無名だった鵜飼哲矢（刈谷出身）に依頼した。鵜飼は全体のコンセプトを「街」とし、後から施設を増やすことのできるように設計した。刈谷市や公団からは反対の声もあったが、加藤と鵜飼の懸命な説得により認められた。ハイウェイオアシスを象徴する観覧車やデラックストイレは、鵜飼の設計が基になっている。

２００４年12月4日、グランドオープンを迎えた。観覧車やデラックストイレの他にも天然温泉「かきつばた」や産直市場「おあしすファーム」などを展開し、遠方・近郊問わず多くの人が訪れる施設となった。開業10年の２０１4年には大規模リニューアルを行うなど、常に新しさを追求し、刈谷を代表する観光地となっている。

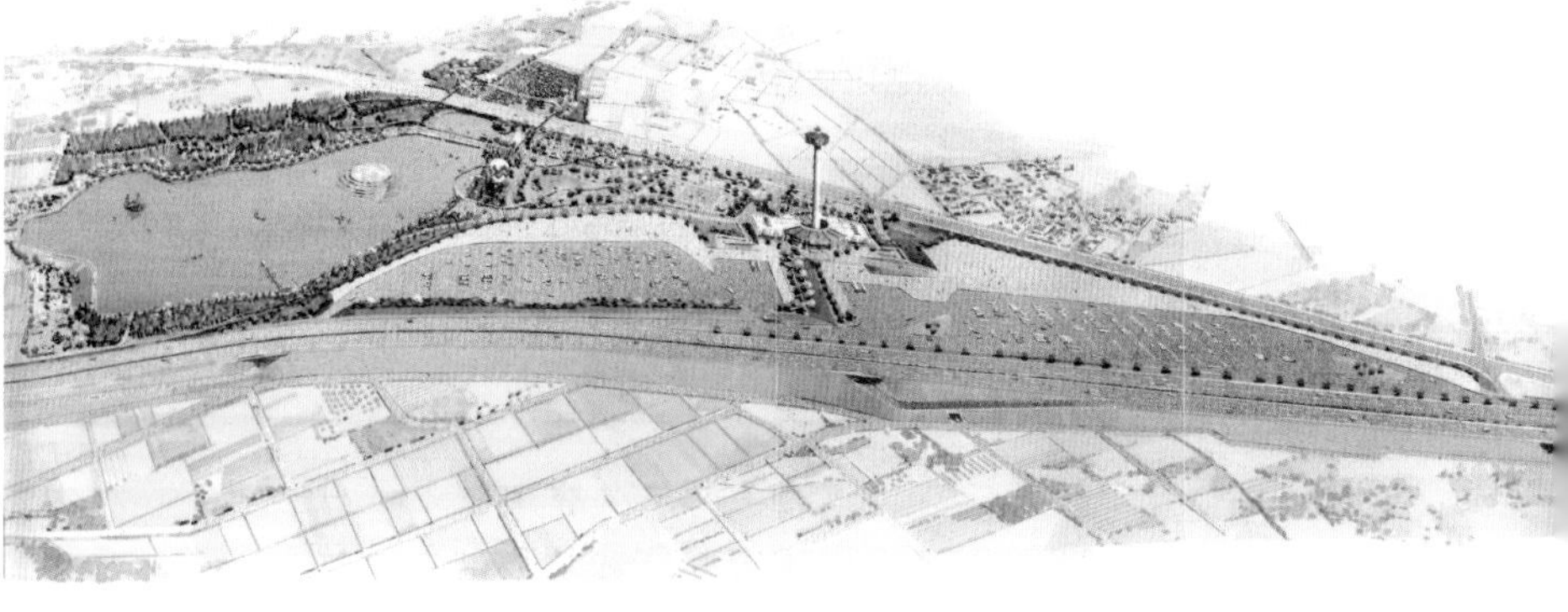

第二東名刈谷ハイウエイオアシス鳥瞰図（仮称　岩ケ池緑地）
「第二東名刈谷ハイウエイオアシス計画概要書」

映画・ドラマのロケ地で使われる豊橋公会堂【豊橋市】

文／岩瀬彰利

市内電車からみえる公会堂

豊橋駅から市内電車に乗ると、市役所あたりで左窓に2つのドームがついた古い大きな建物がみえる。これが豊橋市公会堂である。

公会堂は、昭和天皇御大典記念事業として計画され、市制施行25周年記念の年の１９３１年（昭和６）に、吉田藩の藩校時習館があった跡地（小公園）に建てられた。

浜松の中村與資平が設計

公会堂を設計したのは、名建築家として知られた中村與資平（よしへい）である。與資平は、静岡県内では静岡・浜松の公会堂をはじめ、市役所本館など、旧満州・朝鮮半島では朝鮮銀行・横浜正金銀行などの公共施設や銀行を設計した。

與資平が手がけた公会堂の中でも傑作とされるのが、豊橋市公会堂である。公会堂は鉄筋コンクリート造3階建で、ホール屋根は鉄骨造、建築面積は１２０２㎡、延べ床面積は２８４６㎡である。

外観は、ルネサンス様式を基本とした「復興式」である。正面中央の大階段で2階の玄関とホワイエ（玄関と客席間にある広間）につながっている。玄関手前には6本の柱が並び、創建当時は柱に「中村式グラニット」と呼ばれた人造石が貼られていた。柱列の上部はアーチ形状をなし、ロッジアと呼ばれる吹放しになった柱廊がある。また、建物の軒先にはロンバルディア・バンドと呼ばれる連続アーチ型の装飾が巡らされている。

玄関の両側には、高さ16mの塔

戦前の豊橋市公会堂（市内電車の線路がまっすぐ延びている）

豊橋市公会堂パンフレット（戦後）　豊橋市図書館蔵

状の階段室が垂直に延びている。上部にはモザイクタイルを貼った半球ドーム、四隅にはシンボルとなった羽ばたく大鷲が配置され、堂々とした正面外観を表している。なお、この大鷲は2000年からの改修工事で複製品と交換され、当時のものは2体のみが公会堂東側の広場に設置されている。

竣工当時の内部をみると、客席は後方から前方へ緩やかなスロープとなって舞台に続いていた。2階ホワイエの両脇には応接室が、3階は客席と特別室・副室、事務室があった。特別室は貴賓を迎える部屋のため、豪華につくられた。このため、壁面の化粧板には、当時高価だった合板（ベニヤ板）が使われている。1階は食堂・厨房室と宴会場、球技室、事務室が設けられていた。

大集会室の収容人数は1524人だったが、のちに通路の設置やイスの大きさ変更で、現在は605人である。建物自体は、現在国の登録文化財となっている。

利用形態の変化

竣工当時は講演会や式典、集会利用の施設として、市制25周年式典やロサンゼルスオリンピック背泳の金メダリスト清川清二選手の祝賀会などに使われた。1936年には昭和天皇が公会堂に立ち寄られ、特別室で休憩された。昭和天皇は、戦後の行幸で公会堂屋上から焼け野原となった市街地を視察されている。

戦後になると、公会堂は多目的ホールとして改修され、各種市民団体によって音楽会や演劇でも利用されるようになった。近年では、歴史ある荘厳な外観から、映画やドラマのロケ地として、またコスプレーヤーによる撮影会場としても活用されている。

竣工当時の大鷲

現在の豊橋市公会堂

1950年代の豊橋まちなか映画館

【豊橋市】

文／佐々木順一郎

豊橋駅から広がる発展

1950年（昭和25）に商業施設併用の豊橋駅が全国初の民衆駅として完成、豊橋鉄道渥美線の新豊橋駅や豊橋鉄道市内電車の電停が隣接する駅周辺に人々が集いまちなかが形成されていった。

映画館は戦後の2年間で7館が新築。戦前と違って駅前・広小路・松葉町から魚町までの都心に建設されたのも戦後のまちなか発展の特徴となる。

並行して商店街の復興も活発化した。魚市場があった魚町、神明町市場、広小路、衣料の町花園町が復活。パチンコ店や飲食店などの娯楽施設が近在に集中したことで繁華街を構成した。1954年には豊橋市内の映画館も8館となり映画館へ観客が娯楽を求めて押し寄せる時代となる。映画館は非日常への誘いであり、スターへの憧れを強める橋渡しとなった。1950年代は、テレビがまだ家庭に未普及で映画は老若男女が楽しむ娯楽の代表であったが経済成長と共に娯楽も変化していく中、映画も白黒スタンダードから総天然色、ワイド画面から70ミリ画面へと大型化していく。

戦後映画黄金期の映画館

1958年の豊橋市人口は約20万人、市内の映画館数は10館。物価はハガキ5円、中華そば50円の頃で現在の入替制ではなく終日映画館にいられた時代。映画館は2本立て上映で、どこも満員で観客動員が最も多かった年である。時

第一東映チラシ「仁侠東海道」完成記念試写会（1957年12月）

入場券（1957年）

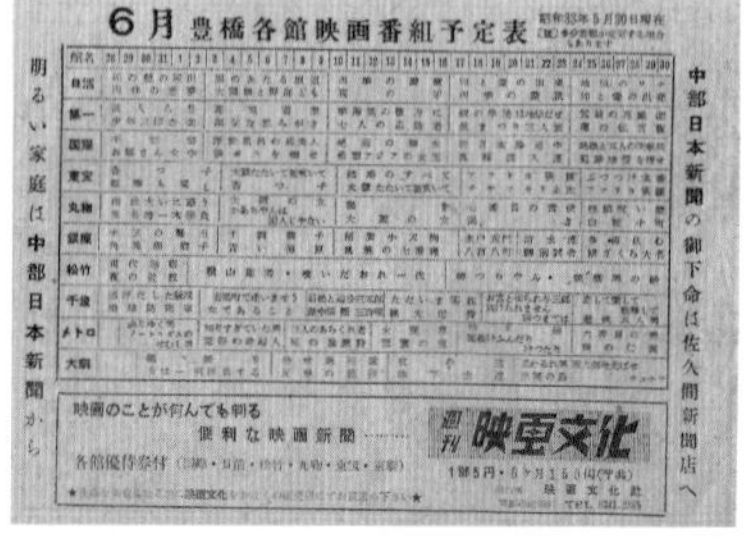

6月 豊橋各館映画番組予定表

明るい家庭は中部日本新聞から

中部日本新聞の御下命は佐久間新聞店へ

映画のことが何んでも判る
便利な映画新聞
週刊 映画文化
1部5円
映画文化社

豊橋映画館番組表（1958年6月）

銀座東映番組 1960年12月

代劇は東映・大映がリードして女性客が詰めかけ、日活は石原裕次郎人気で男性客中心、東宝は「ゴジラ」などの特撮物やサラリーマン物、松竹は喜劇や女性映画、新東宝は覗き見的な映画や講談調といった具合に映画会社の特色に合わせて観客が選択したのである。

　この頃市内映画館の大人の入場料金は邦画封切館が１００円～95円、洋画封切りの豊橋大劇１３０円、メトロ劇場が70円、邦画２番館の千歳劇場・銀座東映が70円で入場税が20%であった。

　印象的な映画館を２館紹介する。１９５６年開館した神明町の銀座東映劇場。「時代劇は東映」のキャッチフレーズで映画界トップ東映の２番館として新築。現在の豊橋信用金庫と旧宝来亭食堂の間を通る映画館。入場券売場の前が自転車預かり所、モギリが玄関をはさみ両側、階段は２カ所で左右にあり売店が向かって左側の階段下。トイレが1階・2階とも正面左側奥で右側階段下に赤電話、かなり急勾配な座席だった。１９６０年には「○○東映」という名前の映画館が豊橋市内に3館存在したほど人気だった。もう1館が１９５０年開店の駅前丸物百貨店の４階にあった丸物会館。１９６４年まで大映封切り、その後系統が替わり丸物東宝となる。百貨店屋上に遊園地、地階には大食堂があったので映画のあと食堂でのカレーライスや中華そばを食べるのが贅沢であり楽しみだった。当時の映画館はひとつの建物に1スクリーンで完全冷暖房。映画館正面は大きな絵看板で飾られていて人々を誘い、市内の各所・銭湯や自転車預り所・理美容店などに映画ポスターが掲示されて、映画館がまちの名所になっていたのである。

1957年10月の豊橋まつり
（豊橋駅前から丸物百貨店方向）
「写真でみる懐かしの豊橋」豊橋市美術博物館蔵

銀座東映外観（1996年）

ビラ下券国際・丸物 1961年

参考文献

I

愛知県編『愛知縣史蹟名勝天然記紀念物調査報告書』全8冊、1926年～1933年

愛知県教育委員会編『国指定名勝及び天然記念物木曽堤（サクラ）樹勢調査報告書』2010年

愛知県中小企業センター編『愛知県中小企業センター史』1970年

愛知県文化財保存振興会『愛知の史跡と文化財』泰文堂、1962年

愛知県豊橋市参事会編『豊橋志要』1909年

渥美町町史編さん委員会編『渥美町史』現代編、2005年

天野敏規「伊良湖の古写真」『伊良湖誌』伊良湖自治会、2006年

天野暢保監修『写真アルバム 碧南の今昔』樹林舎、2021年

伊藤厚史「笠寺一里塚と東海道の一里塚」『名古屋市見晴台考古資料館研究紀要』第14号、2012年

犬山市史編さん委員会編『犬山市史』通史編下 近代・現代、1997年

加藤造園株式会社「光明寺公園整備工事（天然記念物木曽川堤桜二世植樹祭関連）完成図」2001年

蒲郡市史編さん事業実行委員会編『蒲郡市史』本文編4 現代編、2006年

蒲郡市博物館編『蒲郡の建築』蒲郡市教育委員会、2009年

刈谷市史編さん編集委員会編『刈谷市史』第3巻 近代、1993年

刈谷市史編さん編集委員会編『刈谷市史』第4巻 現代、1990年

京都府立総合資料館編『京都府百年の年表』6（宗教編）、1970年

『五色園現況案内』1941年

『五色園』五色園、1967年

小林元『猪高村物語』私家版、1988年

柴垣勇夫編著『名古屋の歴史と文化を楽しむ 中村区まち物語』風媒社、2019年

柴田顕正『岡崎市史』第8巻、1930年

柴田常恵／矢吹活禅『愛知の史跡名勝』三明社、1927年

新飛翔編集委員会編『新飛翔 名古屋空港の半世紀』1999年

杉崎行恭『駅舎再発見 時代の姿をとどめる駅舎を訪ねて』JTB、2000年

鈴木正太郎編『日進村誌』日進村役場、1956年

隅田三郎『ふるさとの思い出写真集 明治 大正 昭和 知立』国書刊行会、1980年

大大須振興会『日本の大須 今と昔』1938年

田原市博物館編『田原の原風景—古写真の魅力』2017年

田山力哉『千恵蔵一代』社会思想社、1992年

知多市誌編さん委員会『知多市誌』本文編、1981年

知立市史編集委員会編『知立市史』中巻、1977年

知立市史編さん委員会編『新編 知立市史』別巻 八橋編、2020年

角田美奈子「東山大観音と作者門井耕雲について」『名古屋市美術館研究紀要』第13巻、2005年

徳田耕一『名古屋駅物語 明治・大正・昭和・平成～激動の130年』交通新聞社、2016年

豊橋百科事典編集委員会編『豊橋百科事典』2006年

豊山町史編集委員会編『豊山町史』愛知県郷土資料刊行会、1973年

豊山町史編さん委員会編『豊山町誌 町制施行50年のあゆみ』2022年

豊山町郷土資料室ボランティア学芸員 加藤武「豊山が町になるまで」

長坂英生編著『なごや昭和写真帖 キネマと白球』風媒社、2022年

名古屋空港ビルディング〝飛翔〟編集室編「飛翔 名古屋空港の誕生から今日まで」1987年

名古屋空港ビルディング編『飛翔NEO 新生10年のあゆみ』2015年

名古屋港史編集委員会編『名古屋港史』港勢編、名古屋港管理組合、1990年

名古屋港開港100年史編さん委員会編『名古屋港開港100年史』名古屋港管理組合、2008年

名古屋市博物館『名古屋の博覧会』1982年

名古屋市博物館／真福寺大須文庫調査研究会編、阿部泰郎監修『大須観音—いま開かれる、奇跡の文庫』2012年

名古屋新聞社『オール三河名勝史蹟遊覧地案内』1933年

名古屋大学附属図書館編『尾張の古都清洲と濃尾地域』名古屋大学附属図書館、2010年

名古屋鉄道株式会社社史編纂委員会編『名古屋鉄道社史』1961年

日本博物館協会編『全国博物館・動植物園・水族館』理想社、1951年

羽賀祥二『史蹟論』名古屋大学出版会、1998年

「萬國史跡宗教公園創建趣旨」1951年

日沖米次『こまき物語 街づくりふるさと百話 第九十七話』小牧商工会議所、2005年

平野豊二『大須大福帳』双輪会、１９８０年
美浜まちラボ編『野間灯台１００年誌』２０２１年
文部省『宗教要覧』１９５２年
森与司夫『浅井古今百話』一宮史談会、１９８２年
金子功『安藤動物園物語　豊橋の動物園ことはじめ』山村文化研究所報7、山村文化研究所、１９８３年
山本松二『豊橋名勝案内』豊橋商工協会、１９３０年

II

愛知県渥美郡編『渥美郡史』正編、１９２３年
愛知県豊橋市役所編『行幸記念豊橋市寫真帖』１９２７年
飯村校区総代会・飯村校区史編集委員会編『校区のあゆみ 飯村』豊橋市総代会、２００６年
大口喜六『豊橋市及其附近』豊橋市教育会、１９１６年
蒲郡市史編さん事業実行委員会『蒲郡市史』本文編3、２００６年
神戸敦「高塚サンドスキー場の変遷」『続・三河の自然誌』三河生物同好会、２０２１年
小西恒典「聞天閣の誕生、焼失、保存」『名古屋城研究調査センター研究紀要』第2号、２０２１年
鈴木源一郎『高豊史』高豊史編纂委員会、１９８２年
高豊校区総代会『校区のあゆみ　高豊』豊橋市総代会、２００６年
永田清成編著『尾張小牧の地名・逸話ものがたり』風媒社、２０１９年
中野静「内海のサンド・スキー」『信州人』第4号、１９３２年
名古屋市産業部観光課『名古屋の名所旧蹟』１９４０年
西尾市史編さん委員会『幡豆町史』本文編3近代・現代、２０１３年
幡豆町『幡豆町の戦後史』１９８５年
南知多町誌編さん委員会『南知多町誌』本文編、１９９１年
南知多町誌編さん委員会『南知多町誌』資料編3、南知多町、１９９４年
豊橋地学同好会『とよはし・地学めぐり』１９８０年
文部省『史蹟調査報告 第8輯 明治天皇聖蹟』１９３５年

III

大林輝久ほか『鳳来町誌 交通史編』鳳来町教育委員会、２００３年
昭文社地図編集部編『吉田初三郎 鳥瞰図集』昭文社、２０２１年
白井良和『保存版・飯田線の60年―三遠南信・夢の架け橋』郷土出版社、１９９６年
新城昔ばなし編集委員会『新城昔ばなし―三百六拾五話』新城市教育委員会、１９８０年
東海旅客鉄道株式会社飯田支店『飯田ろまん１００年史』新葉社、１９９７年
平松弘孝ほか『豊川市制施行60周年記念事業　飯田線展　三遠南信を結ぶレイルロードヒストリー』桜ヶ丘ミュージアム、２００３年
藤本一美『日本一の鳥瞰画仙・絵師　吉田初三郎の鳥瞰図原画目録稿』私家版、１９９７年
藤本一美「初三郎原画目録稿その後」『山書月報』４３１号、日本山書の会、１９９８年
堀田鐵次郎『日本ラインを繞る人々』日本ラインを繞る人々刊行会、１９３３年
堀田典裕『吉田初三郎の鳥瞰図を読む―描かれた近代日本の風景』河出書房新社、２００９年
本渡章『鳥瞰図!』１４０B、２０１８年
谷沢明『日本の観光2 昭和初期観光パンフレットに見る《近畿・東海・北陸篇》』八坂書房、２０２１年
山内祥二『報告書 丸山彭の世界―初代館長の20年』新城市長篠城址史跡保存館、２０１３年
吉田初三郎「如何にして初三郎式鳥瞰図は生まれたか」『旅と名所』創刊号『観光』改題22号、１９２８年

IV

刈谷ハイウェイオアシス株式会社編『刈谷ハイウェイオアシス15年のあゆみ』２０１９年
とよはしまちなかスロータウン映画祭実行委員会『とよはしまちなかスロータウン映画祭20周年記念誌』２０２２年
豊橋市戦災復興誌編纂委員会編『豊橋市戦災復興誌』１９５８年
豊橋市政八十年史編さん委員会編『豊橋市政八十年史』１９８６年
西澤泰彦「豊橋市公会堂」『愛知県の近代化遺産』愛知県教育委員会、２００５年

＊

公会堂の竣工と共に市制廿五年の自治祭典「参陽新報」１９３１年8月23日
祝豊橋市制廿五周年「新朝報」１９３１年11月1日

［著者紹介］（50音順）

天野敏規（あまの・としき）田原市博物館館長・学芸員
伊藤厚史（いとう・あつし）名古屋市見晴台考古資料館学芸員
岩山欣司（いわやま・きんじ）新城市長篠城址史跡保存館学芸員
小栗康寛（おぐり・やすひろ）とこなめ陶の森資料館学芸員
加美秀樹（かみ・ひでき）文筆家・写真家・美術家
川本真弓（かわもと・まゆ）犬山市文化史料館学芸員
菊池直哉（きくち・なおや）豊橋市二川宿本陣資料館学芸員
桒原将人（くわはら・まさと）豊川市桜ヶ丘 ミュージアム学芸員
近藤順（こんどう・じゅん）自然誌古典文庫
近藤真規（こんどう・まさのり）知立市図書館
佐々木順一郎（ささき・じゅんいちろう）
とよはしまちなかスロータウン映画祭実行委員会
真田泰光（さなだ・やすみつ）知多市歴史民俗博物館学芸員
三田敦司（さんだ・あつし）西尾市岩瀬文庫学芸員
副田一穂（そえだ・かずほ）愛知県美術館主任学芸員
園田俊介（そのだ・しゅんすけ）京都産業大学文化学部教授
寺西功一（てらにし・こういち）名古屋民俗研究会
塚本弥寿人（つかもと・やすひと）みよし市立歴史民俗資料館学芸員
長坂英生（ながさか・ひでお）名古屋タイムズアーカイブス委員会
長澤慎二（ながさわ・しんじ）刈谷市歴史博物館学芸員
永田 孝（ながた・たかし）愛知県立半田東高校教員
馬場信雄（ばば・のぶお）一般社団法人赤煉瓦倶楽部半田 理事長
平野 仁也（ひらの・じんや）東海学園大学人文学部准教授
細谷公大（ほそや・きみひろ）神社史
宮川充史（みやがわ・たかし）一宮市尾西歴史民俗資料館学芸員
村瀬良太（むらせ・りょうた）建築史
森崇史（もり・たかし）南知多町教育委員会教育部社会教育課社会教育課長
山口遥介（やまぐち・ようすけ）岡崎市役所

［編著者紹介］
岩瀬彰利（いわせ・あきとし）
1963年、愛知県豊橋市生まれ。名古屋大学大学院文学研究科博士後期課程修了。博士(歴史学)。専門は日本考古学(縄文時代の土器・貝塚)。現職：豊橋市図書館副館長（学芸員）、東海学園大学人文学部非常勤講師（日本考古学）。
著書に『令和に語り継ぐ豊橋空襲』『戦前の豊橋』『古関金子 豊橋生まれの声楽家・古関裕而の妻』、共著に『ここまでわかった日本の先史時代』『中世のみちと橋』『海人たちの世界 東海の海の役割』『愛知の昭和30年代を歩く』などがある。

装幀／三矢千穂

［カバー表］
中部日本観光鳥瞰図　吉田初三郎（1937年）　個人蔵

［カバー裏］
『東海道三河蒲郡風景絵葉書帖』（杉田絵葉書書店）の表紙
『御大典奉祝名古屋博覧会』（名古屋博覧会）正門
大名古屋（発行所不明）十一屋
　以上、愛知県図書館蔵

明治・大正・昭和　愛知の名所いまむかし

2024年2月29日　第1刷発行　（定価はカバーに表示してあります）

編著者　岩瀬彰利

発行者　山口 章

発行所　名古屋市中区大須1丁目16番29号
電話052-218-7808　FAX052-218-7709
http://www.fubaisha.com/
風媒社

乱丁・落丁本はお取り替えいたします。　＊印刷・製本／シナノパブリッシングプレス
ISBN978-4-8331-4316-5

風媒社の本

長坂英生 編著
写真でみる 戦後名古屋サブカルチャー史

「マンガとアニメ」「ポピュラー音楽」「アングラ演劇」「ストリップ」「深夜放送」「格闘技」……。〈なごやめし〉だけじゃない名古屋の大衆文化を夕刊紙「名古屋タイムズ」の貴重写真でたどる。

一六〇〇円＋税

長坂英生 編著
なごや昭和写真帖 キネマと白球

懐かしの映画館と街の風景、映画ロケ現場や宣伝マンたちの情熱。数々のドラマを生んだ名古屋の野球場、野球映画の隆盛、アメリカのプロチームの来日、野球少女たちの夢……。熱気あふれる時代の息づかい。

一六〇〇円＋税

溝口常俊 編著
愛知の大正・戦前昭和を歩く

モダン都市の光と影——。カフェ、遊廓、百貨店、動物園、映画館、商店、レコード…。地域に残された歴史資料を駆使して、知られざる当時のまちの表情を読み解く。

一八〇〇円＋税

溝口常俊 編著
愛知の昭和30年代を歩く

新幹線、100m道路、オートバイ、テレビ塔、市電、百貨店、アーケード、キャバレー、パチンコ、銭湯、喫茶店、鬼ごっこ、駄菓子、集団就職、伊勢湾台風…。活気あふれる時代の息吹を感じるビジュアルガイド。

一六〇〇円＋税

阿部英樹 編著
占領期の名古屋
名古屋復興写真集

1945年10月、米軍の名古屋港上陸にはじまり、およそ1年半にわたって、名古屋を中心に豊橋、蒲郡、岡崎、瀬戸、犬山、一宮、大垣も活写。「後藤敬一郎関係写真資料」が語る戦後名古屋の原風景。

一六〇〇円＋税

藤井 建
愛知の駅ものがたり

愛知県で鉄道が開業して135年。県内の駅や鉄道にはさまざまな物語が生まれた、数々の写真や絵図のなかからとっておきの1枚引き出し、その絵解きをとおして、知られざる愛知の鉄道史を掘り起こす。

一六〇〇円＋税